寄语

新时代团务工作方法与表格精选

郭雪 ◎ 编著

人民日报出版社

图书在版编目（CIP）数据

新时代团务工作方法与表格精选/郭雪编著. --北京：人民日报出版社，2023.4

ISBN 978-7-5115-7772-6

Ⅰ.①新… Ⅱ.①郭… Ⅲ.①中国共产主义青年团-共青团工作-学习参考资料 Ⅳ.①D298

中国国家版本馆 CIP 数据核字（2023）第 057879 号

书　　名：	新时代团务工作方法与表格精选
作　　者：	郭　雪
出 版 人：	刘华新
责任编辑：	周海燕
封面设计：	先哲龙设计室
出版发行：	人民日报出版社
地　　址：	北京金台西路 2 号
邮政编码：	100733
发行热线：	（010）65369527　65369509　65369512　65369846
邮购热线：	（010）65369530　65363527
编辑热线：	（010）65369518
网　　址：	www. peopledailypress. com
经　　销：	新华书店
印　　刷：	廊坊市长岭印务有限公司
开　　本：	710mm×1000mm　1/16
字　　数：	369 千字
印　　张：	17.5
印　　次：	2023 年 4 月第 1 版　2023 年 4 月第 1 次印刷
书　　号：	ISBN 978-7-5115-7772-6
定　　价：	69.00 元

前　言

　　党的二十大为新时代新征程党和国家事业发展、实现第二个百年奋斗目标指明了前进方向、确立了行动指南。新目标激荡人心，新征程催人奋进。各级共青团组织全面深入学习宣传贯彻党的二十大精神，引领青年群体立足新发展阶段，完整准确全面贯彻新发展理念，主动服务和融入新发展格局，围绕全面建设社会主义现代化国家，为中国式现代化贡献青年力量，担负起新时代新青年的历史使命。在新时代新征程上，要做好共青团工作就需要掌握一些工作方法。工作方法是人们在实践过程中为达到一定目的和效果所采取的办法和手段。团务工作方法必须随着中心任务的变化而不断充实，应该适应新形势和新任务的要求，在继承和发扬共青团优良传统的基础上不断创新，从而推动团务工作的顺利进行。

　　团干部要办好每件事，要解决好每个问题，总要选择适当的、正确的方法才能达到目的。毛泽东曾经说过，我们不但要提出任务，而且要解决完成任务的方法问题。我们的任务是过河，但是没有桥或没有船就不能过。不解决桥或船的问题过河就是一句空话。不解决方法问题，任务也只是瞎说一顿。毛泽东在这里用过河要有桥或船的形象比喻，生动而又深刻地说明了工作方法问题对于做好工作的重要性。毛泽东也曾经指出，领导工作不仅要解决方针政策，还要制定正确的工作方法。有了正确的方针政策，如果在工作方法上疏忽了，还是要发生问题。因此，我们一定要讲究工作方法，把共青团的领导工作提高一步。

　　共青团工作有许许多多的新情况和新问题，亟待我们去正确地认识，这就迫切地要求我们共青团广大干部认真努力掌握科学的工作方法，以便正确地贯彻执行党的路线、方针和政策，把各方面的事情做得更好。从实际的工作情况来看，有没有科学的工作方法，对我们工作有较大影响。如果工作方法不对头，主观盲目性很大，就难免会出现问题。无数实践证明，人们不论干什么工作，都要有一定的工作方法。方法不同，效果就大不一样，甚至完全相反，所以我们不可不重视工作方法问题。

　　为了创新团务工作方法，提升团务工作水平，提高团干部的自身素养，特编写了《新时代团务工作方法与表格精选》一书。在本书编写过程中，得到了一些高校团组织、国企团组织的大力帮助,也得到了一些工作在一线且非常热心的团干部提供的大量宝贵资料。在此,一并致谢。本书由于编写时间及编写水平所限,难免有不足之处,恳望读者给予批评指正。

郭 雪
2023 年 4 月于昆明

第一章　共青团工作方法 ··· 1

第一节　综合 ··· 3

一、共青团做好宣传工作的方法 ································· 3

二、共青团做好思想政治工作的方法 ····························· 4

三、共青团资源整合法 ··· 6

四、共青团科学决策方法 ······································· 8

五、共青团工作评估激励法 ···································· 11

六、共青团工作理论研究方法 ·································· 13

七、共青团工作典型示范法 ···································· 15

八、共青团工作创新的方法 ···································· 17

九、在社会大环境中营造共青团工作氛围的方法 ················· 19

十、在非公企业中营造共青团工作氛围的方法 ··················· 21

十一、在高校中营造共青团工作氛围的方法 ····················· 21

十二、现代企业制度下的企业团务工作方法 ····················· 22

十三、借力新媒体做好共青团工作的方法 ······················· 23

十四、企业共青团服务企业的方法 ······························ 24

十五、企业共青团助力社会发展的方法 ·························· 26

十六、活动策划设计的方法 ···································· 26

第二节　组织建设 ··· 28

十七、党建带团建的方法 ······································ 28

十八、加强基层团委管理的方法 ································ 29

十九、团组织加强自身作风建设的方法 ·························· 30

二十、通过完善制度来加强团组织建设的方法 ··················· 31

二十一、企业建团的方法 ······································ 33

二十二、推动企业青年自组织建设的方法 …………………… 34
二十三、推动企业共青团组织建设的方法 …………………… 35
二十四、推动非公团建工作的方法 …………………………… 36
二十五、提高企业共青团组织建设水平的方法 ……………… 39
二十六、企业共青团推动党建带团建工作的方法 …………… 40
二十七、加强企业团组织工作的方法 ………………………… 44
二十八、创新企业共青团的青年组织体系和工作载体
　　　　的方法 ………………………………………………… 45
二十九、团支部协调工作的方法 ……………………………… 46
三十、团支部识人用人的方法 ………………………………… 48
三十一、团支部激励工作的方法 ……………………………… 49
三十二、团支部动员工作的方法 ……………………………… 50
三十三、团支部的基本工作方法 ……………………………… 50
三十四、团支部大会接收团员的方法 ………………………… 51
三十五、团支部处理好上下级关系的方法 …………………… 52
三十六、社区团支部工作的方法 ……………………………… 54
三十七、班级团支部工作的方法 ……………………………… 56
三十八、做好团支部干部考核工作的方法 …………………… 58

第三节　队伍建设 ……………………………………………………… 59
三十九、团干部做好调查研究的方法 ………………………… 59
四十、团干部做到政治上要清醒的方法 ……………………… 62
四十一、团干部做到作风扎实的方法 ………………………… 63
四十二、团干部做到品德高尚的方法 ………………………… 64
四十三、团干部抓好工作落实的方法 ………………………… 65
四十四、团干部掌握语言艺术的方法 ………………………… 66
四十五、团干部严格自律的方法 ……………………………… 69
四十六、团干部协调工作的方法 ……………………………… 69
四十七、团干部提高自身素质的方法 ………………………… 70
四十八、团干部提高自身工作能力的方法 …………………… 73
四十九、团干部勤奋工作的方法 ……………………………… 74

五十、团干部魅力引领方法 ·· 75
五十一、团干部创新能力提升的方法 ································ 76
五十二、提升企业团干部知识力的方法 ···························· 78
五十三、提升共青团干部的人格力的方法 ························ 79
五十四、企业团干部资源整合的方法 ································ 81
五十五、企业团干部在工作中协调好关系的方法 ············ 82
五十六、企业团干部配备、使用与管理方法 ···················· 83
五十七、企业团干部工作的方法 ·· 84
五十八、培养团干部组织管理能力的方法 ························ 86
五十九、培养、选拔团干部的方法 ···································· 88
六十、打造一支作风优良的团干部队伍的方法 ················ 90
六十一、引导青年心系社会的方法 ···································· 91
六十二、引导青年提升理论学习的方法 ···························· 92
六十三、引导青年树立终身学习观念的方法 ···················· 92
六十四、引导青年进行家庭美德建设的方法 ···················· 93
六十五、引导青年爱岗敬业的方法 ···································· 93
六十六、引导青年爱党爱国的方法 ···································· 95
六十七、引导、帮助青年学习现代科技知识的方法 ········ 96
六十八、帮助青年提高学习能力的方法 ···························· 97
六十九、企业共青团服务和帮扶青年的方法 ···················· 98
七十、企业共青团维护青年权益的方法 ···························· 100
七十一、批评教育团员青年的方法 ···································· 101
七十二、加强对团员意识教育的方法 ································ 103

第四节　特色活动 ·· 104

七十三、思想政治理论学习类活动组织与实施的方法 ····· 104
七十四、技能竞技类活动的组织与实施的方法 ················ 105
七十五、评选先进奖励优秀类活动的方法 ························ 105
七十六、体育健身类活动的方法 ·· 107
七十七、联欢交友类活动的方法 ·· 107
七十八、调研类活动组织与实施的方法 ···························· 112

　　　　七十九、社会公益类活动的组织与实施的方法 …………… 119

第二章　团组织部门职能与团干部岗位职责参考 …………… 121

　　　　一、团委的基本职能 …………………………………… 123
　　　　二、团委办公室的基本职能 …………………………… 123
　　　　三、团委组织部的基本职能 …………………………… 124
　　　　四、团委宣传部的基本职能 …………………………… 124
　　　　五、团支部的基本职能 ………………………………… 125
　　　　六、团委书记的岗位职责 ……………………………… 126
　　　　七、团委副书记的岗位职责 …………………………… 126
　　　　八、团委组织部部长的岗位职责 ……………………… 127
　　　　九、团委宣传部部长的岗位职责 ……………………… 127
　　　　十、团支部书记的岗位职责 …………………………… 128
　　　　十一、团支部副书记的岗位职责 ……………………… 129
　　　　十二、团支部组织委员的岗位职责 …………………… 130
　　　　十三、团支部宣传委员的岗位职责 …………………… 131
　　　　十四、团支部文体委员的岗位职责 …………………… 132
　　　　附例1：企业团委与团干部职责 ………………………… 132
　　　　附例2：学校团委部门职能 ……………………………… 134

第三章　共青团工作表格精选 ……………………………… 143

　　　　一、委员候选人登记表 ………………………………… 145
　　　　二、团代表大会代表候选人登记表 …………………… 146
　　　　三、团代表大会委员候选人人选提名登记表 ………… 147
　　　　四、团代表大会代表登记表 …………………………… 148
　　　　五、学生代表大会委员候选人登记表 ………………… 149
　　　　六、学生代表大会代表提案表 ………………………… 150
　　　　七、学生代表大会提案汇总表 ………………………… 151
　　　　八、青年马克思主义者培养工程学员推荐表 ………… 152
　　　　九、青年马克思主义者培养工程培训班学员汇总表 …… 153

目 录

十、团校培训班学员推荐表 ········· 154
十一、团校项目审批表 ········· 155
十二、申请加入中国共产主义青年团审批表 ········· 156
十三、团员处分决定表 ········· 158
十四、校团委证书领取人员信息登记表 ········· 160
十五、校团委证书申请表 ········· 161
十六、校团委物资预约申请表 ········· 162
十七、校团委物资借用申请表 ········· 163
十八、团委印章使用审批表 ········· 164
十九、团委物资清查明细表 ········· 165
二十、团委报销票据粘贴单 ········· 166
二十一、"校级优秀团员"登记表 ········· 167
二十二、"优秀共青团员"申请审批表 ········· 168
二十三、"校级优秀团干部"登记表 ········· 169
二十四、"优秀共青团干部"申请审批表 ········· 170
二十五、优秀团员登记表 ········· 171
二十六、优秀团员标兵申请表 ········· 172
二十七、优秀团员作为党的发展对象推荐表 ········· 173
二十八、推荐优秀团员作为入党积极分子审批表 ········· 174
二十九、优秀团支部申报表 ········· 175
三十、先锋团支部申报表 ········· 177
三十一、最佳团日活动评选登记表 ········· 179
三十二、"五四达标创优"竞赛活动各项评比奖项名额分配表 ········· 180
三十三、"五四红旗团支部"申请审批表 ········· 186
三十四、"青年五四奖章"申报表 ········· 187
三十五、"五四"评优汇总表（校级优秀团干部） ········· 188
三十六、推优汇总表 ········· 189
三十七、"优秀共青团员""优秀共青团干部"推荐名单汇总表 ········· 189

三十八、"五四红旗团支部"推荐名单汇总表 …………… 190
三十九、推荐表补办证明 ………………………………… 191
四十、优秀学生干部登记表 ……………………………… 192
四十一、优秀学生干部申请表 …………………………… 193
四十二、"校级三好学生"登记表 ………………………… 194
四十三、"校级优秀学生干部"登记表 …………………… 195
四十四、校级团学组织干部选拔报名表 ………………… 196
四十五、干事登记表 ……………………………………… 197
四十六、学生干部情况汇报表 …………………………… 198
四十七、社团成立申请表 ………………………………… 199
四十八、新社团成立申请书 ……………………………… 200
四十九、社团章程 ………………………………………… 201
五十、社团发起人名单 …………………………………… 201
五十一、社团拟任负责人登记表 ………………………… 202
五十二、社团指导教师登记表 …………………………… 203
五十三、社团注册表 ……………………………………… 204
五十四、社团总结表 ……………………………………… 205
五十五、社团名称变更申请表 …………………………… 206
五十六、社团负责人变更申请表 ………………………… 207
五十七、社团活动积极分子推荐表 ……………………… 208
五十八、优秀社团干部推荐表 …………………………… 209
五十九、优秀社团申报表 ………………………………… 210
六十、社团活动申请表 …………………………………… 211
六十一、社团活动审批表 ………………………………… 212
六十二、社团活动审核意见表 …………………………… 213
六十三、社团活动总结表 ………………………………… 214
六十四、社会实践项目申报书 …………………………… 215
六十五、实践团队基本信息 ……………………………… 216
六十六、实践项目基本信息 ……………………………… 217
六十七、实践安全保障措施 ……………………………… 218

目 录

- 六十八、审批信息 …………………………………… 218
- 六十九、社会实践登记表 …………………………… 219
- 七十、社会工作评定表 ……………………………… 227
- 七十一、社会实践推荐鉴定表 ……………………… 228
- 七十二、社会实践先进个人申报表 ………………… 229
- 七十三、星级志愿者评选申请表 …………………… 230
- 七十四、星级志愿者评选上报材料汇总表 ………… 231
- 七十五、学生活动审批表 …………………………… 232
- 七十六、重大活动申报表 …………………………… 233
- 七十七、校团委大型活动预算审批表 ……………… 234
- 七十八、学生活动经费预算审批单 ………………… 235
- 七十九、校团委宣传部设备借用申请表 …………… 236
- 八十、学生活动误餐费备案审批表 ………………… 237
- 八十一、活动物品采购、验收及领用登记表 ……… 237
- 八十二、活动奖品领取登记表 ……………………… 238
- 八十三、奖状、奖杯领用申请表 …………………… 239
- 八十四、校团委奖品发放申请表 …………………… 240
- 八十五、活动奖品发放领取登记表 ………………… 241
- 八十六、大艺团乐器借还表 ………………………… 242
- 八十七、宣传品印制申请表 ………………………… 243
- 八十八、艺术团专业队员调用申请表 ……………… 244
- 八十九、学生活动新闻上报表 ……………………… 245
- 九十、国旗班队员报名表 …………………………… 246
- 九十一、"文明宿舍"申报表 ……………………… 247
- 九十二、大学生艺术团排练厅使用申请表 ………… 249
- 九十三、大型活动会场申请表 ……………………… 250
- 九十四、室外场地使用申请表（适用重大团学活动）…… 252
- 九十五、室外场地使用申请表（适用一般团学活动）…… 253
- 九十六、团委礼堂使用申请表 ……………………… 254
- 九十七、会议室及报告厅设备使用申请表 ………… 255

九十八、活动室借用申请表 …………………………… 256
九十九、青年广场使用审批表 ………………………… 257
一百、团校教室使用申请表 …………………………… 258
一百零一、校团委宣传栏宣传品张贴审批表 ………… 259
一百零二、校园公共区域宣传活动（事项）申请表 ……… 260
一百零三、校园宣传活动申请表 ……………………… 261
一百零四、主干道横幅审批表 ………………………… 262
一百零五、电子屏版面预约申请表 …………………… 263
一百零六、教室及LED使用申请表 …………………… 264

第一章
共青团工作方法

第一章 共青团工作方法

第一节 综合

一、共青团做好宣传工作的方法

为进一步贯彻落实团组织对外宣工作的相关要求,充分发挥共青团宣传工作的重要作用,展示团组织的工作成果,塑造团组织良好的内部与外部形象,必须做好宣传工作,具体内容如下:

1. 高度重视并增强宣传意识。各级团组织要高度重视并认真做好宣传工作,按照团组织宣传工作的总体要求,落实各项宣传工作安排和指标。各团委、团总支书记要定期听取检查本单位团组织宣传工作情况,及时上报本单位党组织并争得党组织的支持,指导研究宣传工作中出现的问题,保证宣传工作顺利的开展。

2. 建立高素质的宣传工作队伍。团组织要建立一支相对稳定的宣传工作队伍,并保证这支队伍的不断扩大。各团委、团总支书记亲自挂帅,精选高素质的团干部,具体负责本单位各项宣传工作。同时,加强对宣传工作队伍的定期培训,增强团干部的业务能力。力争使宣传工作队伍做到人员稳定、工作规范、有检查、有落实、顺利高效。

3. 强化信息报送工作。团组织要不断增强工作信息的报送意识。保持与上级团委以及本单位各职能部门的信息畅通,保持信息报道的日常性、时效性。

4. 充分利用各种宣传载体。团组织要善于利用现有的宣传载体,充分发挥广播电视、橱窗、团学刊物、青年网站、微博、微信、公众号、短视频等媒体的宣传作用,展示本单位的工作成果。同时,要进一步开发新的宣传载体,以新颖的、易于接受的宣传手段达到更好的宣传效果。另外,各单位要注意保持宣传载体的互通性,形成宣传合力,强化宣传效果,并注意把握宣传载体的科学性和正确性。

5. 加强对团员思想动态的调研。团组织要注意加强对团员思想动态工作的调查研究,通过座谈会、专题讨论会等形式了解掌握团员的思想动态,及时报送团委。同时,注意不断规范调研的周期性和调研对象的广泛代表性,为切实可行地开展有针对性的工作提供保证。

6. 充分开发社会资源。各级团组织要在充分利用内部宣传阵地的同时,积极探索，不断开拓外部宣传领域，更大范围内展示工作成果。充分发挥社会媒体的作用，通过多层面的合作形成广泛的社会宣传联系网络，使其更好地为团组织的宣传工作服务。

7. 全力打造宣传工作品牌。针对现在团的宣传工作精品缺乏这一实际情况，团组织要有效整合宣传资源，找好切入点，全力打造品牌。上级团委也可通过开展评比和奖励等活动，鼓励各单位树立品牌意识，增强宣传效果。

8. 注重经验的总结与交流。各级团组织在努力探索宣传工作新思路、新方法的同时，注重经验的总结与交流。定期举办宣传工作的经验交流活动，以利于团组织宣传工作互相促进，共同提高，并对宣传工作的先进集体和个人予以表彰和奖励。

9. 定期考核与评估。为激励各级团组织对宣传工作的重视与有效开展，上级团委可定期对各级团组织宣传工作中的干部队伍建设、信息报送情况、宣传阵地的利用、社会资源的开发、宣传精品的打造等各项指标进行考核与评估，考核结果将作为该单位参评年度红旗团总支的重要内容。

二、共青团做好思想政治工作的方法

共青团是先进青年的群众组织，是党的助手和后备军，是党联系广大青年的桥梁和纽带。做好团员青年思想政治工作，努力培养造就青年人才大军，团结和凝聚广大青年坚定地跟党走中国特色社会主义道路，是党组织的重托和历史的使命，也是共青团服务中国式现代化建设的有效途径和优势所在。

共青团组织做团员青年的思想政治工作，一切要从团员青年出发，尊重团员青年，理解团员青年，关心团员青年，发挥自身优势，贴近工作学习实际，充分调动和激发团员青年的积极性和创造性。

1. 尊重团员青年，营造以人为本的政治思想工作氛围

尊重人就是平等待人，尊重人的人格和权利，尊重人的劳动和创造成果。人的个性和思想存在差异性。时代发展瞬息万变，现在的团员青年成长在一个不断变化、开放，新事物层出不穷的社会中，除了思想观念的更新变化，他们的价值观念、行为方式和心理特征也呈现出与前几代青年的不同和差异，形成了独特的群体特征。共青团干部只有尊重人、理解人、信任人，与广大团员青年交朋友，才能赢得团员青年的支持和合作。共青团干部要摆正自己的位置，严格要求自己，严格约束自己的行为。在与团员青年的接触中，要谦虚谨慎、戒骄戒躁，虚心听取团员青年的意见和建议，尊重他们的平等权

第一章 共青团工作方法

利和人格。要尊重每一个团员青年的独特个性,又承认在思想认识上的差别。在具体工作生活上,同样要尊重团员青年的生活习惯、性格爱好和合理的想法与正当的权利。一般说来,受思想政治教育的对象总是相对地处在弱势群体的位置,或者处于被领导的位置,属于普通群众。一个人处在弱势群体地位的时候,自卑感和强烈的自尊心是交织在一起的,逆反心理重,自我防范意识特别强烈,如果对其做思想政治工作,言行稍有不慎,都会引起对方的反感。这个时候,就要进行换位思考,当自己处于低谷的时候,也同样需要帮助和尊重,希望别人容得下自己,听得见自己的不同意见。因此,思想政治工作必须尊重和理解团员青年的差异性,防止搞"一刀切""齐步走"的简单化做法,要把求同和存异有机地统一起来,营造出一个以人为本的思想政治工作氛围。

2. 理解团员青年,建立起团员青年之间友谊和信任的桥梁

理解,是人与人之间情感沟通的一座桥梁。通俗地说,就是要理解一个人的喜怒哀乐,想对方之所想,急对方之所急。人与人打交道,一定要互相理解,坦诚以待。不管对有求于自己的人还是对与自己有意见的人,都应保持一颗平常心,敞开心扉,以心换心。青年时期是一个从幼稚走向成熟的过渡阶段,也是人生当中承前启后的转折点。时代对人类的能力和素质提出了更高、更新、更全面的要求,也加剧了当代青年通过努力把握时代潮流的紧迫感。每个人都希望自己的事业取得成功,当代青年拥有更强烈的发展需求和欲望,同时也拥有更充分的发展潜力、发展时间和空间。要引导青年实现崇高的奋斗目标,就必须了解青年的思想观念和成长特征。从思想政治工作的角度来看,诚信是建立人与人友谊和信任的桥梁,是开启人们心灵的一把金钥匙。当你真诚地、坦率地向对方表明自己的态度或者征求对方意见,而不居高临下,闪烁其词时,你就会获得对方的信任。答应和许诺了别人的事,一定要兑现。即使一时办不到,只要及时给对方说明,就能获得对方的理解。作为共青团干部,在做思想政治工作时,要了解青年的需要,培养同青年的感情,要有洞悉入微的眼力,善于发现别人的难言之隐,并以高度的热情和极大的诚意,理解对方的心理。要深入到青年当中,带头刻苦学习、勤奋工作、自觉奉献,在提高自己水平的同时,努力以人格的力量影响和带动团员青年。

3. 关心团员青年,激发起团员青年热爱集体、敬业爱岗的热情

团员青年思想比较活跃,接受新鲜事物的能力比较强。在市场经济环境的影响下，比较注重自我价值的实现，加上思想的多样性和各自不同的性格特点，更使其群体表现复杂化。关心团员青年就是共青团干部心中要始终装着团员青年，要动之以情，施之以爱，要及时了解团员青年的思想、工作、生活情况，帮助他们排忧解难，体现出一种乐于奉献的爱心。关心一个人，既要关心他的"小事"，更要关心他的"大事"。群众利益无小事，对日常的"小事"要体现出亲人般的关怀。在关心"小事"的基础上更要关心"大事"，这个"大事"指一个人的精神需求。具体地说，就是指一个人的理想信念和价值抱负。自我价值的实现是最高层次的需要，是人生追求的最高境界。作为一名共青团干部，关心团员青年，"必须以科学的理念武装人，以正确的舆论引导人，以高尚的情操塑造人，以优秀的作品鼓舞人"。只有通过日常的、点滴的、细微的工作，以情感人，以诚相待，才能让团员青年真正感受到组织的温暖和集体的关爱，从而激发起团员青年热爱集体、敬业爱岗、真正和单位融为一体的感情。

在社会改革的进程中，团员青年始终是最积极最有生气的力量，他们有着敏锐的判断力和惊人的社会创造力。做好团员青年的各项工作，把他们培养成有理想、有知识、有道德、守纪律的年轻一代，是共青团组织义不容辞的责任。共青团干部只有通过心灵的沟通和真诚的服务，才能真正成为值得团员青年信赖的好朋友。

三、共青团资源整合法

1. 资源整合法的概念和重要性

青少年事业是全党全社会的事业，仅仅依靠共青团的力量和资源是远远不够的，它需要把全社会的各种资源最大限度地整合起来，发挥相互作用，形成整体的效能。团组织要在党委的领导下，加强与各部门和机构的协作，协调社会各界共同关心支持青少年相关的工作。积极吸纳青年志愿者和社会各界人士参与青少年工作，也就是广泛吸收和有效整合各种社会资源，通过对工作资源的社会化，实现项目化、事业化的管理。将各种社会资源及社会力量聚集到一起，通过协调作用发挥其对青年工作的作用。

对各种社会资源的整合是青少年事业发展的现实需要，一方面，青少年事业发展需要法律、政策、物质等方面的保障，青少年的发展关系到国家未来的发展，因此要有长期的政策支持和发展规划，需要大量人力、物力的投入，才能保证共青团工作的顺利开展；另一方面，青少年工作需要社会各方面的参与和支持，青少年工作是一项远大的社会发展事业，无论是执政党、国家机关和政府部门，还是各种社会团体、家庭及学校等，都应该通过不同的渠道，参与到青少年事业发展的大局中来。

2. 共青团资源整合的原则

各种社会资源的整合，既受到社会发展水平的制约，同时也受到整合水平的制约，我们只有根据科学的整合原则，才能够合理有效地整合各种社会资源，达到促进青少年事业发展的目的。

（1）不求所有，争取共享原则

根据中共中央及国务院相关文件的明确规定，提出政府机关、企事业单位、大专院校、科研院所公共文化体育设施向未成年开放的要求，共青团组织应积极利用其中对于青少年共享社会资源的有利条款，积极为青少年争取共享的权利。

（2）互惠互利，合作共赢的原则

无论是体制内资源，或者是体制外的资源都对社会的发展起着重要的作用，因此青少年事业发展的过程中，要坚持"互惠互利，合作共赢"的原则，使得合作单位认识到自己的投资是有回报的战略性投资，例如，共青团启动的外来务工人员的培训，贫困大学生奖学金计划等，企业单位既达到了帮助青少年发展的目的，同时又树立了良好的社会形象。不仅使青少年自身得到了发展，同时促进了共青团事业的发展，对于企业本身也是一种层次的提升，实现了各方面的共赢。

（3）不骛虚名，注重实效原则

共青团组织在推动青年事业的发展中，要将其当作自己的事情、国家的事情去做，而不要将其当作自己炫耀政绩的手段，各级团干部要求真务实、注重实效，真切地投入到共青团事业的发展中去。

3. 共青团整合社会资源的主要方法

共青团事业发展的自身资源是有限的，我们要发挥自身的政治优势，站在执政党凝聚青少年的战略高度，采取切实有效的方法和手段，理直气壮地整合各种社会资源，服务于青少年事业。

（1）政策引导法

青少年的发展越来越受到党和政府以及社会的关注，随着国家政策法规的逐步完善，关于保护青少年的法律文件也越来越多。我们可以充分运用这些政策法规，有效引导社会舆论，使社会各界自觉形成为青少年事业发展贡献力量的觉悟。

（2）政府主导，共青团实施的方法

政府在国家的权力体系中具有重要的权威及号召力，在推动青少年事业的发展中，逐步采取以政府为主导，共青团实施的发展模式，不仅能够提供系统的工作发展模式，还能够形成强大的社会号召力，进而形成青少年事业卓有成效的发展局面。

（3）项目运作，品牌吸引法

共青团要将青少年事业的发展作为一项事业进行发展，通过项目化的运作，在结合青年实际需要的基础上，找到与合作单位的契合点，通过项目化运作形成自己的活动品牌，从而更好地吸引各种社会合作伙伴，推动项目化运作，更好地服务于青少年事业的发展。

四、共青团科学决策方法

（一）科学决策方法的概念和重要性

决策是指管理者为实现组织目标，用科学的理论与方法从若干个可行性方案中选择或综合出优化方案，并加以实施的活动的总称。广义的科学决策包括调查研究、分析预测、设计选择方案、付诸实施的一系列活动。狭义的科学决策仅指对未来行动方案的抉择。凡事预则立，科学的决策是提高共青团领导和管理工作有效性的前提条件。

科学决策有以下几种分类：

1. 按照决策作用的范围，共青团的决策可以分为战略决策、战术决策和业务决策。其中，战略决策涉及事关共青团组织长期发展的重大问题的决策，例如，共青团全国代表大会对未来5年全团工作的总体思路、宏观构想等，属于战略决策；战术决策是对实施战略目标的方式、途径、措施进行抉择，比如，共青团为促进青年与社会良性互动，推出的一系列品牌活动等；业务决策是组织为提高日常活动效率而进行的具体工作决策，比如共青团组织各职能部门的工作计划等。

2. 按照决策涉及的有效时段，共青团的决策可以分为3~5年甚至更长时间的中长期决策和1年以内的短期决策。

3. 按照指定决策的组织层次，共青团的决策可以分为团中央作出的高层决策；团省市委作出的中层决策；区县以下团委作出的基层决策。

4. 按照决策过程的重复程度，共青团的决策还可以分为依照已有程序和标准进行的程序化决策和对不经常发生的事件进行的非程序化决策。比如，定期召开团员代表大会或团员大会，进行团组织换届工作等属于程序化决策；就某一项创新性活动、应急业务作出决定，属于非程序化决策。

5. 按照决策结果的确定性程度，共青团的决策还可以分为每一种备选方案只有一种确定结果的确定型决策；对决策事件未来状态不能预先肯定但可以预测出各种情况出现概率的风险型决策；对决策事件的发展进程无法预测的不确定决策。

6. 科学决策对于共青团工作的作用体现在两个方面：第一，科学决策是共青团实现自己社会职能的核心环节。没有科学决策，实现共青团组织基本的社会职能就会成为一句空话。第二，科学决策直接关系到共青团各项工作目标的实现，关系到共青团事业的可持续发展。

（二）科学决策的具体操作

科学决策的一般程序是建立在调查研究基础上，由设计备选方案、选择决策方案、审查与反馈三个环节共同构成的完整过程。每一个决策环节各自承担着不同的任务。

1. 设计备选方案。根据调查研究形成的决策目标及其相关的分析预测，设计备选方案首先要广开思路，集思广益、大胆设想、多方探索，最大限度地寻求解决问题的途径与可能性；其次，要把各种途径和可能性具体化，形成多种可供比较的可行性备选方案。

2. 选择决策方案。面对诸多的备选方案，抉择常常是比较困难的。首先应当制定评价与选择的标准。要根据有利于目标实现和适应主客观环境要求制定标准。这个标准往往不是最优标准，而是足够满意标准，是能够充分利用主客观条件的最佳选择；其次，要从诸多备选方案中选出少数有效而可行的方案，并对照标准，逐个分析评价；再次，在评价的基础上，从几个比较好的方案中选出一个，或对几个方案再进行综合，根据足够满意标准和"利益最大化、损失最小化"原则，最后确定最佳方案。

选择决策方案常用的方法有经验判断法、试验法、数学分析法等。其中，经验判断法主要依靠决策者的实践经验和判断能力，适用于简易方法的选择；数学分析法要借助数学模型，适用于无法靠人的经验选择的问题；试验法适用于选择重大方案、既无经验可以借鉴，很难主观判断，又无法采用数学模型定量的情况，通过选择试点单位，取得经验和数据，然后以此作为选择依据。在共青团工作决策过程中，经验判断法和实验法应用较为普遍。

3. 审查与反馈。方案选出后，还需要进一步做好审查、实施和反馈。审查包括两方面的内容：一是要对方案形成的依据，即资料信息的可靠性进行审查；二是要对实施的措施进行审查；在方案实施过程中，要进行跟踪研究和控制，及时进行信息反馈，必要时对决策进行调整，使之在实施过程中进一步完善。

（三）共青团工作决策常用的方法及决策的表达

1. 共青团工作决策常用的"软"方法

科学决策的方法多种多样，除了确定型决策、风险型决策、不确定型决策等刚性决策方法外，共青团工作决策经常使用的比较便捷的"软"方法有以下几种。

（1）头脑风暴法。也叫畅谈会法。邀请相关领域的专家针对共青团工作决策中某一问题，畅所欲言地表达个人意见，充分发挥个人和集体的创造性，经过互相启发、观点碰撞、集思广益，形成对决策有重要参考意义的意见。这是共青团借助外脑进行科学决策常用的方法。

（2）征询法。就共青团工作决策中的某些问题要求相关专家分别以书面方式表达自己的意见和建议，或者书面回答征询者所提出的问题。然后由征询者将每个人的书面意见整理汇编，形成决策参考材料。由于这些材料没有任何个人信息参考其中，在随后的讨论中，人们可以有效地避免"权威效应"对人们可能产生的影响，有利于充分发挥集体的决策优势。

（3）方案前提分析法。在共青团工作决策中，每一个备选方案事实上都基于某种前提和假设。方案正确与否，其前提和假设是否成立是很重要的判断标准。因此，组织与会者围绕决策方案的前提和依据是否可靠进行讨论，也可以大大缩短筛选方案的过程，提高决策效率。

2. 共青团工作决策的表达

共青团工作决策常常以会议决议、主要领导人工作报告、工作计划等不同的文本表达出来。其中，基层团组织最常用的文本就是工作计划。在决策正确的前提下，写出一个好的工作计划，需要解决好两个问题。

（1）了解工作计划的基本结构。工作计划没有严格统一的结构体例。一个比较规范的工作计划应当包括四个基本要素：一是标题。如《××团县委关于在村"两委"换届工作中推动团支部书记进两委的意见》标题应当包括事由和文件名称。如果是征求意见稿，应在标题行下加括号注明。二是前言。概述制订计划的目的、依据、总任务。三是主体内容。这是计划的主干部分，要介绍该计划出台的背景情况及计划的可行性，描述具体的任务目标，提出实施步骤、措施和要求。四是结尾。作为计划的结束部分，它可以用表决心、发号召、展示实现前景的文字来表达，来增强计划的力度；也可以用强调、提请注意的方式使之具有警示作用。

（2）明确团的工作计划的基本要求。团的工作计划，首先必须与党的路线、方针政策，与现行法律条款，与上级工作部署，与同级党政工作目标保持高度一致，否则，既不可能得到领导支持也没有实施的可能。其次，工作计划的表述应当目标明确、任务清楚、措施具体、责任到人，防止纸上谈兵。最后，工作计划应当概念明确，文风简洁，逻辑严密，使阅读对象没有理解困难。

五、共青团工作评估激励法

（一）评估激励的概念和重要性

1. 评估激励的概念

评估激励法，简而言之就是评估法和激励法，如何提高全体团员干部和广大团员的积极性，需要运用激励的手段，同时通过评估共青团工作中的成效，及早地发现存在的问题，从而更好地推进共青团工作，在评估的基础上给予恰当的激励，可以收到事半功倍的效果，而评估激励法的运用重点在于做好评估。

2. 科学评估的重要性

科学评估作为评估激励的重点工作，对共青团工作的开展具有重要的意义，主要表现为：一是科学评估是共青团工作中一个必不可少的环节，评估主要是考察我们工作做得怎么样，实施的效果如何，通过科学评估可以为共青团工作的改进与提高提供理论支持；二是科学评估有助于正确认识共青团工作的地位，通过对共青团工作系统的评估，可以使社会和共青团干部更加清晰地认识到共青团工作取得的成就，正确认识共青团工作的地位；三是科学评估有助于及时总结共青团工作的经验，改进今后共青团工作，通过科学评估，及时总结经验教训，并予以保存，为后来共青团工作的开展提供借鉴；

四是科学评估有利于促进共青团理论建设,科学评估是建立在系统归纳分析的基础上的,能够形成正确的思想认识,是形成共青团工作理论的必要前提,推动共青团工作理论的丰富与发展。

(二) 共青团工作评估的原则和基本过程

1. 共青团工作评估的原则

共青团工作的评估要做到科学,必须要有切实可行的评价指标和严格的评价程序。通过对共青团整体水平和各个领域的工作水平进行评估,建立评估的一套体系,这样才能做到真正的科学性与真实性,这就需要我们坚持以下原则:

一是根据共青团工作效果所具有的直接效果和间接效果并存、现实效果和潜在效果并存、即时效果和累积效果并存、近期效果与长远效果并存的特点决定评价体系;二是要坚持科学性与可操作性统一的原则去设计评价体系,既要科学准确地反映共青团工作的现实状况,又要做到便于操作与实施;三是坚持全面性与简洁性相统一的原则设计评估体系。做到全面性要求我们要涵盖共青团的所有工作及效果,同时简洁性又要求我们的评估体系精练,易于操作,能够做到全面而有效的完成共青团工作的评估。

2. 共青团工作评估的过程

根据对共青团评估指标:对各级团干部和团组织状况的评估指标,对其工作过程的评估指标,对直接和间接工作效果的评估指标的分析,我们可以将共青团评估的过程归纳如下:

一是建立临时性的评估小组。小组成员一般由团的上级组织的领导,以及与本次评估无关的团干部和相关专家共同组成,客观、公正、全面地去分析评估相关工作是小组成员的必备条件;二是了解被评估单位的相关工作情况,在了解事实的基础上进行科学的评估;三是对照相关的评估指标,对该单位的各项工作内容逐项展开评估;四是进行相关资料的分析,确定评估结果,形成简要的评估报告;五是向相关单位反馈评估情况,肯定其取得的成绩,分析其存在的问题,提出改进工作的建设性建议。

3. 共青团工作中激励方法的运用

在做好评估的基础上进行激励,提出相关建设性建议,能够极大地推动共青团工作的良好开展,主要需要做到以下几点:

一是寻找恰当的激励途径,根据差异需求原理,按照共青团干部和广大团员青年的不同需求，找到符合其特点的激励途径，达到最大的激励效果。二是选择正确的激励方式，内在激励和外在激励是激励的主要方法，内在激励能够激发其内在潜力，更加具有持久性。而外在激励通过目标激励、竞争激烈、榜样激励等见效更加迅速。因此要在选择恰当激励方式的前提下做到内在激励和外在激励相结合。三是合理运用奖惩手段。通过一系列的奖励手段，达到鼓励正确行为和工作的目的，提高其工作积极性，同时以惩罚手段达到警示作用，改变不合理的工作方法。四是激励与教育引导相结合。在坚持评估激励手段的同时，积极运用教育引导的手段，引导团干部和广大青年团员正确对待激励，将教育引导贯彻到激励的全过程，从而更好地推动共青团工作和青年的健康成长。

六、共青团工作理论研究方法

（一）共青团工作理论研究含义及意义

共青团工作理论作为一门科学，是对我国青年运动和共青团工作实践经验的科学总结和高度概括，是具有鲜明党性的科学理论。共青团工作理论研究在借鉴和应用有关学科时，特别是在对待西方各种学科的问题上，就是必须坚持以马列主义、毛泽东思想、邓小平理论、"三个代表"重要思想、科学发展观、习近平新时代中国特色社会主义思想为指导，而且一定要把共青团工作的理论研究建立在总结我国青年运动的历史和共青团工作的实践经验的基础上。

1. 共青团理论研究的含义

共青团工作理论研究，是指通过一定的方式、方法，对团的实际工作中的经验、问题以及操作过程，进行有目的分析、归纳，得出一定的看法和结论，从而为科学的决策和政策的制定、执行及完善提供依据。主要通过运用这一方法提高共青团工作的质量和效率，增强决策的科学性和民主化，开创共青团工作新局面。

2. 共青团理论研究的意义

（1）理论研究可以使共青团工作更具针对性和实效性。共青团工作要能够符合学校的要求、时代的特点和青年的需要，通过理论研究，可以更好地把握时代、社会、青年特点的发展变化，发挥好共青团组织的桥梁和纽带作用，提高工作的针对性和实效性。

(2) 理论研究成果可以促进共青团工作的高位突破。开展理论研究，理论上的突破可以指导工作的突破，推动共青团工作上新的台阶。

(3) 理论研究可以促进共青团干部的成长。通过理论研究，广大共青团干部可以从中得到锻炼，掌握调查研究的方法，开阔视野，增长知识，提高自身的素质和能力，这些也是共青团干部今后承担更重要的任务所必须具备的。

(二) 共青团工作理论研究的内容

科学的理论指导实践发展，别开生面的实践呼唤理论创新。创新和实践都需要理论研究的支撑，当前共青团工作的理论研究主要包括以下几个方面：

1. 思想教育理论研究

思想教育理论研究是系统全面地对思想政治理论知识的系统研究与概括。包括思想政治理论的现状、成因、对策研究等方面，主要侧重于探索思想政治理论问题现状的研究。

青年阶段是个人确立自我、实现人生理想的关键时期。坚持用发展着的马克思主义作为指导思想，确保构建和谐青年文化的正确方向。坚持用马克思主义中国化的最新成果教育青年，使他们学会用马克思主义的立场、观点、方法来正确认识经济社会发展大势，正确认识社会思想意识中的主流与支流，使他们在错综复杂的社会现象中看清本质、明确方向。因此，我们要始终坚持以青年为中心，切实站在青年的角度，加强思想教育研究，采用青年喜闻乐见的形式，把爱国主义与社会主义有机结合，更多地进行平等交流，以引领青年、感召青年、鼓舞青年、激励青年。

2. 青年特点及需求研究

团的工作开展需要建立在清楚服务对象的特点和做好需求评估的基础上，只有这样才能不断地丰富服务项目，强化服务手段，使共青团服务青年的覆盖面扩大针对性和实效性不断增强，切实解决团员青年在学习、生活和工作中遇到的实际困难，从而增强团组织的凝聚力。

3. 团学组织建设理论研究

团学组织建设理论研究，是指对共青团组织、青年自组织等基层组织建设的理论研究。主要包括团学组织建设的现状、团学组织建设的意义以及团学组织建设的对策等。团组织自身的建设、自身的活力是共青团做好各项工作的前提和保证，因此，团建创新要从团建的理论研究做起。

4. 团干部队伍理论研究

团干部队伍理论研究，是对团干部队伍建设等相关理论的研究，主要从新时代团干部面临的机遇和挑战出发，对团干部队伍建设进行研究。包含新时代团干部队伍建设面临的机遇及挑战、如何提高团干部胜任力等方面。团的工作必须打造一支高素质的骨干队伍，这是团工作繁荣发展的保障。

七、共青团工作典型示范法

（一）典型示范的概念和重要性

1. 典型示范的概念

典型示范是指胸中有全局、手中有典型，抓典型、树榜样，发挥先进典型的示范作用。它是党的思想政治工作的传统方法，也是共青团工作的基本经验。先进典型包括集体和个人。他们体现出的时代精神和风貌，由于引领社会发展的潮流而凸显出独特的价值。

2. 典型示范的重要性

（1）抓典型、树榜样，是由事物发展不平衡的客观规律决定的。唯物辩证法认为，客观事物的发展总是不平衡的。无论是青年的思想觉悟，还是不同地区、部门、单位的企业共青团工作，差别总是客观存在的。在先进与后进之间、强与弱之间，存在着互相转化的巨大空间。针对这种实际情况，在工作实践中发现典型、培养典型、树立典型，可以为所有的青年、所有的基层团组织树立比学赶超的榜样，推进更快更好地发展。

（2）抓典型、树榜样可以使青年的潜能在建设性领域更好地释放。广大团员青年和团干部中蕴藏着巨大的潜能，他们大多具有不甘落后、超越自我的强烈渴望。运用典型示范的方法，比一般的号召和说教更能有效地激发他们的潜能，并引导他们在社会建设性领域释放自己的能量，使青春的张力更好地造福人民、推动社会发展进步。

（3）抓典型、树榜样可以增强共青团工作的导向性和感召力。榜样的力量是无穷的。榜样的作用就是导向作用。通过树立典型，共青团旗帜鲜明地表明自己赞成什么，反对什么、提倡什么、鼓励什么，给青年和基层团组织提供明白无误的价值导向。无论是为建立新中国浴血奋战的年代还是社会主义建设时期，共青团推出的青年英模、先进集体，对于引领青年为实现党提出的任务而奋斗,引导各级团组织更加积极自觉地开展工作,都产生了巨大的感召力。

(二)共青团工作中不同的典型

1. 共青团工作需要不同层次的典型。各级团的组织工作范围不同,领导层级不同,在整个组织系统中发挥的作用不同,因此,从团的领导机关到基层团支部,带动全面工作需要不同层次的典型。

2. 共青团工作需要有不同领域的典型。共青团工作涉及面广,战线长,不同领域的共青团组织面对的工作对象、工作环境、工作具体要求各不相同。企业共青团工作的思路与方法与学校不同,企业共青团工作的环境条件和农村迥异,机关团的工作与经济组织团的工作差别更大。因此,典型不是万能的,最好的典型也只有在所属领域才具有普遍意义。

3. 共青团工作需要不同类别的典型。不仅在不同组织层级、不同领域共青团工作特点各不相同,即便在同一领域,共青团工作也有相当大的差异。比如同样是企业或经济组织,不同所有制企业,团的工作环境条件、组织架构、干部配置等也存在巨大差异,只有不同类型的典型才能满足不同的需要。

4. 共青团工作既需要综合类典型,也需要"单项标兵"。无论是先进集体还是青年英模,十全十美的典型是没有的。如果说,各级团组织表彰的"五四红旗团委""十佳青年"等属于综合型典型的话,团的日常工作表彰的"青年岗位能手""发明竞赛标兵""优秀青年志愿者"等,则属于"单项标兵"。

5. 共青团工作既需要"巩固的典型",也需要"流动红旗"。树起一个典型,并保持不倒的纪录,固然是值得称道的。但是,红旗在团组织内部和青年内部不断流动同样表明工作整体水平的提升和青年的成长。因此,不能忽略"流动红旗"的作用。

(三)典型示范的策略

1. 抓典型与抓全局有机结合。团的干部要做到胸中有大局、手中有典型、指挥若定、游刃有余,就必须典型、全局两手抓,真正摆正两者之间的关系。首先,抓典型与抓全局的关系是个别与一般、个性与共性的关系。共性寓于个性之中,并通过个性表现出来。任何典型都是全局中的典型,所谓全局也包含着典型。因此,既不能片面强调抓典型的重要性,把典型绝对化,用典型代替全局，也不能满足于面上一般号召，既不深入实际，解剖典型，也对全局不甚了了。其次，抓典型与抓全局不能互相替代，作为统一的工作过程的两个不同的环节。抓好了典型固然有助于推进全局工作，但不等于抓好了全局工作。因此，抓典型时心中必须有全局，推进全局工作时则要用好手中的典型。

2. 抓两头带中间与抓中间促两头有机结合。抓两头带中间的方法是党的群众工作的传统经验，也是共青团工作常用的方法，它的有效性是毋庸置疑的。树立先进典型和促进后进转化，就是这种抓两头带中间的具体体现。但是，由于"两头"的工作容易吸引我们工作的注意力，有时也会只抓两头，忘了中间。因此，必须把抓两头带中间与抓中间促两头紧密结合起来。这种结合，可以更好地体现共青团的工作照顾多数、着眼多数的原则。青年和基层团的工作中，"两头小、中间大"的分布状态是相当普遍的，抓中间可以有效地促进中间层积极地向上流动，稳定地扩大"优秀面"，减少"下滑惯性"对中间层的影响，提升整体工作水平。

3. 发现、培养、宣传、巩固典型有机结合。树立典型的目的是鼓励先进、带动中间、促进后进。运动典型要注意把发现、培养、宣传和巩固四个环节有机结合起来。第一，树立典型必须积极稳妥，既要高于一般，又不宜脱离一般太远，使人感到高不可攀；第二，培养典型只能"场外指导"，不宜越俎代庖；第三，宣传典型必须实事求是，既不能求全责备，更不能认为拔高；第四，巩固典型既要真诚关心、热情爱护，又要严格要求、坚持标准，决不迁就。

八、共青团工作创新的方法

创新是一个民族进步的灵魂，是一个国家兴旺发达的不竭动力。但是，如果我们不抓住时代的脉搏，及时调整工作思路和工作方法，我们的优势就会变成劣势，我们的工作就会被抛在时代的后面。因此，无论从形势发展的要求，还是从共青团工作的实际来看，共青团组织必须在继承中大胆创新，勇于创新，善于创新。只有不断地创新，才有可能推进共青团工作的新发展。

建立共青团的创新体系，是指共青团的工作思路、工作方式、工作手段、工作效果都要适应新形势的变化，在改革中求生存，在创新中求发展，并形成一套新的工作体系。

1. 工作思路的创新

良好的工作思路是搞好共青团工作的基础，思路清晰，能促使共青团工作目标有一个明确的方向，并能整合团工作的整个资源。使共青团工作的目标得以实现。因此，对每一项团的活动和每一个时期的共青团工作我们都必须结合各种实际情况，创新工作思路，使团的各项工作任务按照这一思路顺利得以实现。创新工作思路必须按照贯彻党的基本路线的要求在服务大局的前提下开始进行，既要考虑党政所需、社会所急，更要考虑青年所求。再次，必须在服务大局和服务社会中实现服务青年的成长成才。事实证明，创新工作思路，是团的工作迎接挑战，克服困难，不断实现新突破，取得新胜利的前提和保障。

2. 工作内容的创新

工作内容和工作主题是共青团工作实现工作职能，产生重大社会影响的根本。创新工作内容就是要在知识不断更新，科技日新月异的新时代，使团的活动和工作主题更加适应时代发展与社会进步，更好地适应青年的需要，我们要努力做到在青年思想教育方向上更加符合青年思想观念、价值取向多元化和信息化以及青年成长成才需求的特点；在建功立业方面要围绕科技进步、科技创新开展活动，注重培养青年的科技素质和创新精神，造就高素质的青年人才。总之，创新工作内容，要进一步解放思想，开动脑筋，坚决冲破阻碍改革开放和现代化建设进程的思想禁锢，加强青年精神文明建设，使广大青年在科学理论的指导下和优秀的文化氛围中茁壮成长。

3. 工作手段的创新

从某种意义上来说，工作方式、载体和形式可以丰富内容，更好地突出工作内容。多年来，团组织形成了具有自身特色的工作方式，在社会上产生了影响，受到了欢迎，需要发扬光大。面对新情况、新问题，我们必须把握新时代共青团工作的主题，不断探索共青团工作方式的创新。

我们的工作方式通过创新更加开放、灵活、新颖。主要是要改变传统、单一的工作方式，注意整合社会资源和社会力量，运用科技，在新的知识领域里设计团工作的新构架。要更多地依靠现代科学技术手段，服务和引导青年学习新知识，掌握新技能，不断提高青年迎接时代挑战的能力。

4. 工作机制的创新

各级共青团组织要在坚持发展政治功能的前提下，完善和扩大团的社会功能，通过接受政府委托，加大共青团在青少年事务中的工作分量，要紧紧围绕党政工作大局，针对社会和群众需要开展工作，努力扩大工作外延，使工作触角延伸到社会各个领域，工作内容更加贴近社会生活，更加适应青年需求。社会化的青年工作运行机制的建立，将为在服务大局与服务青年的有机结合中加强团的建设提供一种工作依托，从而更有效地吸引青年，凝聚青年，教育青年，更好地进行现代化建设服务。

九、在社会大环境中营造共青团工作氛围的方法

1. 坚持党建带团建，努力实现团建工作的新发展

党建带团建是新形势下加强党对共青团领导的成功经验。坚持好党建带团建，就能够使团的建设随着党建的发展而发展，不断开创团的工作新局面。党建带团建是党团工作的重要原则，各级党委按照党中央的要求，切实履行党建带团建职责，为团的工作和建设营造了良好的环境。

一是要进一步抓好基层组织建设。团的基层组织是团的事业的基石，是团的战斗力的基础。要建立以共青团为核心，以青联、学联、少先队等外围组织为骨干，以各类青年社团和青年中介组织为延伸，与经济社会结构和青年群体分布相适应的组织体系。

二是要进一步抓好队伍建设。各级团组织要切实加强团员教育工作，通过建立健全"三会一课"、团员教育评议、团费收缴管理等制度，使团员教育工作制度化、经常化。要积极做好推荐优秀团员做党的发展对象的工作，源源不断地为党组织输送新鲜血液。要大力实施基层团干部培训工程，努力提高团干部综合素质，积极协助党组织做好基层团干部的选拔配备工作，把优秀青年党团员选拔到基层团的工作岗位上来，落实基层团干部政治经济待遇，积极协助党组织切实加强基层团干部的管理，培养造就一支忠诚党的事业、热爱团的岗位、竭诚服务青年的团干部队伍。

三是要进一步抓好团建创新。各级团组织要认真研究团建规律，在团建内容、形式、方法、手段和机制上下功夫，在增强时代感和针对性、实效性、主动性上下功夫，使团的基层组织建设充满生机和活力。要围绕团的组织生活制度进行创新，逐步建立起以增强团员意识为核心，立足团员自我教育、相互教育的新型组织生活制度。要充分发挥基层的首创精神，调动基层创新实践的积极性，努力营造百花齐放、生动活泼的创新氛围。

四是要进一步抓好机制建设。各级团组织要在坚持原有制度的基础上精心谋划、大胆创新、积极实践，努力建构起内容完善、措施得力、系统严密的基层团建工作组织机制、服务机制、发展机制、活动机制、管理机制、激励机制、督查机制、参与机制和人才机制，通过机制建设这一根本方式来推

进团建工作发展。

2. 加大团属媒体的宣传力度，营造共青团工作的良好氛围

团的宣传报道工作是共青团事业的重要组成部分，团的宣传工作更应该讲究艺术性。

一是要坚持正确的舆论导向。舆论是关系到团属报刊生存和发展的根本问题，是我们做好团的宣传报道工作的前提和关键。

二是团属媒体要认真贯彻落实中央对新闻宣传工作的要求，坚持团结稳定鼓劲、正面宣传为主的方针，牢牢把握正确的舆论导向，唱响主旋律，打好主动仗。

三是要大力宣传好党的路线方针政策，宣传好党对青年健康成长的关怀和要求，宣传好广大青年成长进步的主流、时代风貌和共青团的各项工作，为促进青年健康成长营造良好的舆论氛围。

四是要提高宣传报道水平。做好团的宣传工作，必须树立用正确的舆论占领阵地的意识，不断加强整体策划，提高舆论引导水平，牢牢掌握舆论引导的主动权。要按照团的工作总体部署，加大报道力度，努力为青年解决成长成才过程中遇到的问题，为青年办实事。

五是要注重宣传报道工作创新。新形势下，团属媒体要贴近实际、贴近生活、贴近青年，开展鲜活生动的宣传报道，努力创新表达方式，不断增强针对性、实效性和感染力。要大力宣传科学理论，传播先进文化，塑造美好心灵，弘扬社会正气，倡导科学精神，团结引导广大青年为建设和谐社会贡献力量。要围绕青年在学习、工作、就业、生活等方面的实际需要，为青年提供文化精品、精神食粮和优质服务。

六是要不断加强团属新闻出版队伍建设。要结合新闻出版单位的实际，采取切实措施，加强编辑记者的学习、教育和培训，引导编辑记者讲政治、讲道德、讲法制，增强政治意识、大局意识、责任意识。要引导年轻编辑记者树立正确的名利观，正确处理个人与国家、集体和他人的关系，培养良好的职业精神。

3. 扩大重点活动的影响力，创造青年广泛参与的良好氛围

共青团的重点工作在青少年的成长和发展中有着非常重大的影响，不仅贴近青少年的日常生活和发展，而且是以各种各样实践活动的形式展现在人们的面前，有很大的影响力。

共青团组织应组织动员广大青年在中国式现代化建设中建功立业，同时扩大这些活动的影响力,加大宣传报道的力度,争取得到人们的关注、认可和支持,从而为共青团的工作营造良好的氛围。

十、在非公企业中营造共青团工作氛围的方法

在非公企业中要提高团建工作力度,必须树立三种观念,加快三个转变。三种观念:一要树立规范发展的观念,加强团内基本制度建设。在制度上规范化、组织化,对团建工作的正常进行加以保证。二要树立注重效果的观念。在对人和事的评判上,要努力营造以发展论是非、以成败论英雄的求真务实的氛围。三要树立不断创新求变的观念。当前共青团要结合创新工程开展积极有效的工作,除了进行技术、管理、服务、营销四个方面的创新外,还要注重思想观念的创新和工作创新。二者缺一不可,且紧密联系、互为因果、相辅相成。

三种观念的树立,在一定程度上解决了理论和思想指导问题,而在具体的实践中还要同时加快三个方面的转变。三种转变:一是工作重心必须由"务虚型"向"务实型"转变。团的工作必须渗透到企业生产经营的各个环节中和致力于为广大团员青年办实事上。针对企业的生产经营有的放矢,且不可四面出击。二是工作绩效要由"纯投入型"向"投入产出型"转变,在活动中出成绩、出效益。非公企业团组织开展的各项活动要与部门的技术指标相挂钩。"降低生产成本、提高管理绩效"永远是企业追求的主题,围绕这个主题开展活动,面可大可小,但是着力点一定要少而精,在这样的基础上实行团的其他多种活动捆绑式和搭载式容易被企业管理者所接受。三是物质保障由"拨入型"向"多元型"转变。团组织在提高团干队伍建设力度,加强组织建设的同时,要主动横向联合,充分利用工会、行政的资金优势和团员青年的体能和智力优势,多方筹集资金,实行多条腿走路,增强物质依托。团的各项活动的吸引与否,是要把"活动"作为一种产品放到团员青年的"市场"中经受检验才能发展和提高。

十一、在高校中营造共青团工作氛围的方法

高校是青年人聚集的地方,是团工作的重点之一。为了不断满足大学生日益增长的精神文化需求,满足现代青年人对高尚理想信念的追求,在校园内建设具有时代特征和学校特色的共青团校园文化,具有十分重要的意义。

1. 在高校进一步明确高等学校校园文化建设的总体要求。从青年人的需

求出发,切实关注青年人在想什么,在干什么,青年人是否高兴,青年人是否愿意干的事情,确立好团工作的目标,为营造团工作良好氛围打下基础。

2. 深入开展校风建设,扎实推进高等学校校园文化建设。开展马列主义、毛泽东思想、邓小平理论、"三个代表"重要思想、科学发展观、习近平新时代中国特色社会主义思想教育,以先进的指导思想指导校园文化建设,扎实推进,稳扎稳打,以基层团组织为工作结点,以学生社团为工作依托,全方位地开展团工作,为营造团工作良好氛围而创造条件。

3. 重视基层党组织的战斗堡垒作用,重视基层党员的带头作用,把校园党建工作与团建工作相结合。

十二、现代企业制度下的企业团务工作方法

现代企业制度下企业共青团要发挥好自己的作用,做好共青团工作,要紧紧抓住五大抓手:

1. 积极参与企业文化体系的建立和推广

企业文化为企业思想政治工作与管理工作密切结合提供了一个最好的形式。如果以此为契机,必将创出企业共青团工作的一条新路子。

2. 提高青年的综合素质,协助建设高素质员工队伍

一个员工的素质,不仅包括专业素质,而且还包括身体素质、心理素质、审美观、社会观。专业素质可以通过人事部的员工培训及各部门的岗位培训来提高,但是其他方面的素质提高是行政管理部门难以兼顾的地方,如心理素质、文艺欣赏能力、协调能力及身体素质等,而这些无时无刻不影响着青年人的工作,开展团的活动培养的正是青年人的这些方面的素质。

3. 搭建企业管理层与青年员工信息沟通的平台

团组织是党联系青年的桥梁,也可以作为管理决策层联系青年的桥梁,为企业领导者及时地获得青年职工群体的所思所想提供信息,从而为决策的正确制定加大保险系数,同时,为企业管理措施的出台做好宣传和教育,促进青年员工的观念转变,以保证其尽快地为员工所接受。如进行的青年思想调研、座谈会、网上平台等载体都是很好的形式。

4. 在新观念的形成、新措施的出台及实施上做好带头

青年有一个特点,就是喜欢新奇的事物和观念,对新生事物接受快,而共青团组织是优秀青年组成的群众组织,一种新观点、新措施为他们所接受

的可能性更大。氛围的营造是共青团工作的强项,利用青年人力资源优势,通过媒体和活动进行广泛的宣传和教育,并以团员的实际行动带动周围的员工,一定会加快管理措施落实的速度。

5. 丰富员工的业余生活,增强企业员工的集体归属感

充分关注和支撑员工工作之外的时间,通过组织各种文化娱乐活动、体育健身活动丰富员工的业余生活,增强青年的集体归属感。

十三、借力新媒体做好共青团工作的方法

1. 找到青年与新媒体的结合点

当代青年群体具有其特点,一方面他们具有丰富的想象力、远大的理想、充沛的精力、敏捷的思维、开放进取的意识;另一方面他们又兼有易于受不良诱惑影响、易于产生不良情绪、意志不坚定的特点。青年群体更加具有开放意识、创新意识。而新媒体的特征即时性、开放性,恰恰与青年的特点相吻合。因此我们要抓住青年群体与新媒体特点相似性这一结合点。在新媒体的应用中充分结合青年的特点去开展并创新共青团活动,更好地满足青年的需求,更好地在团员青年中开展共青团工作。

2. 正确引导青年利用新媒体

青年在网络中的行为如果得不到规范,类似于网络犯罪等不良后果将会在青年身上不断增加,不利于青年的健康成长。共青团组织除了不断地对青年进行思想政治教育外,还要经常向青年推荐一些好的网络社区和网站,让青年在网络上更多地通过学习知识,参与活动等形式不断地得到成长。正确引导青年利用新媒体具体可以从以下几个方面入手:

(1) 重视共青团工作中对新媒体信息的应对。共青团组织应当勇挑青年教育和引导的重担,针对目前新媒体中出现的不良信息,用社会主义的核心价值体系,来引导和教育广大青年,用正确的世界观、人生观、价值观来激励广大青年发展。

(2) 充分利用新媒体团结和凝聚广大青年。共青团宣传创新的主体,绝不仅仅是团干部,还应当包括广大青年。让广大青年积极参与到团组织宣传的过程中来,让他们成为传播过程的一部分,让他们在参与传播中充分分享。只有广大青年的充分参与,团组织的宣传工作才更有生命力;互联网等新媒体以便捷、高速、生动、灵活等特点深受广大青年群体的青睐,是当代青年

进行社会交往、情感沟通、学习交流、日常联系的重要方式。

（3）强化新媒体环境下的青年教育和引导。新媒体深受青年团员的喜爱，他们给青年的学习、发展带来了很大便利，提供了前所未有的条件。但同时也应当看到，任何事情都有正反两个方面，它既有维护社会稳定，引导青年健康向上的积极动员作用，也有发散不良社会信息，对青年的健康发展不良的作用。因此，发挥新媒体的积极作用，引导青年积极参与到阳光、积极、上进的活动中，可以灌输青年对祖国、对党的朴素情感，培养他们的健康生活情趣。

（4）积极构建青年学习发展的新媒体家园。新媒体已经深刻地渗透到了广大青年团员的日常学习生活中，他们的情感变化、思想发展、价值观形成、政治追求等，都受到来自网络等新媒体信息和信息传播方式的影响。新媒体的虚拟性、开放性、匿名性，使得青年团员从新的视角认识自我、发展自我，也创新了生活和社会。因此，作为共青团组织，应当将构建青年学习、生活的新媒体家园作为基础，凝聚青年人性，构建青年精神与情感交流的家园，使广大青年能够在团组织的引导下，获取成长信息，认清发展方向，规划和发展自己。

十四、企业共青团服务企业的方法

1. 以共青团组织为平台提供非正式交流的渠道

学习创新是企业发展的动力。正式的组织化学习和非正式的交流是提高企业员工学习能力的主要途径，但企业内部的科层关系使员工间的表达和交流受到一定限制，制约了企业创新发展的现实需求。团组织作为具有网络优势的群众性组织，既可以为青年员工提供非正式交流的学习平台，又可以为青年员工开展企业内部与企业外部两个层次上的学习交流，帮助企业提高内部集体学习能力。

2. 培养帮助青年认同企业文化，树立正确思想观念

企业的发展需要正确思想意识的支撑。培养企业员工特别是青年员工的创新意识、风险意识、竞争意识、效率意识，对于企业长远发展具有重要作用。共青团作为思想性、政治性组织，能在传播党团重要思想主张的同时，主动结合实际参与传播有利于企业发展的思想意识。要通过开展"创新创效"等活动，提高青年员工参与技术创新的积极性；要通过思想性活动帮助青年员工增强风险意识，理解企业可能面临的各种不确定性，正确理解企业为克

服困难和不确定性所做出的各种经营决策，支持和帮助企业管理者坚定信心、克服风险带来的挑战；要帮助青年员工树立竞争意识，引导他们理解企业为应对激烈竞争采取的阶段性极端方式；要通过开展技能性活动，提高青年员工职业技能和效率意识，激发青年员工为企业发展执着拼搏的精神动力。

3. 辅助企业增强内在凝聚力

企业内部的凝聚力，尤其是企业内部的协调性、员工的主动性和积极性、员工对企业的认同感和归属感等对于企业降低监督成本、提高生产效率具有重要意义。共青团作为以吸引凝聚青年、服务青年为重要职能的组织，能够增强企业内在凝聚力。一是开展娱乐性活动，帮助青年员工放松身心，缓解压力，精神愉悦地投入工作。二是开展关注员工生活小事的服务性工作，营造理解人、尊重人、关爱人的企业氛围，使小服务产生大作用。三是开展思想性工作，引导青年员工理解岗位的重要性，珍惜工作岗位；理解企业的管理目标，支持严格管理；理解企业阶段性遇到的重大问题，共同克服困难。

4. 辅助企业形成激励约束机制和决策执行机制

企业是分工协作极其严密的组织体系，严格的管理是保证企业有序运转的重要基础。企业共青团组织要引导青年员工充分认识企业组织体系的运行机理，了解企业各项管理制度和措施的意义，树立起奖惩严明的企业管理意识，自觉服从和遵守企业生产经营的各项制度和措施，自觉落实执行企业的各项决策，按照企业要求努力争做一流，保证企业各个环节、各个部门的有效协作，促进企业协调发展。

5. 辅助企业做好青年人力资源开发

人力资源是企业战略性资源和核心竞争力所在。青年是企业员工的主体，青年员工的职业精神、职业技能和综合素质的高低直接关系到企业当前和未来竞争力的强弱。在国内外市场竞争日趋激烈的新形势下，加强对企业员工的技能培训、适应产业发展对技术变革的新要求，对企业发展尤为迫切。共青团在促进企业发展方面最重要、最成功的工作切入点和贡献就是始终注重培训青年员工，强化对青年员工职业精神、职业技能和综合素质的培养，通过青工技能振兴计划、青年岗位能手、技能大赛、导师带徒等技能性活动提高青年技术工人的技术能力、创新能力和操作能力，努力为企业培养更多的知识型、技能型和复合型青年人才。努力做到与企业人力资源开发互相补充。

6. 为企业培养复合型后备经营管理人才

企业的长远发展需要培养一大批既具备社会化技能，又熟悉企业生产经营各个环节的复合型经营管理人才。共青团把培养未来职业生涯发展过程中所需要的社会化技能作为吸引凝聚青年的重要途径。企业团组织可以组织企业内部的演讲比赛、交流论坛、重大问题讨论、重大难点献计献策、重要困难共同克服等多种活动来提高团干部交流、沟通、表达、协调、妥协等多方面能力,也可以从企业生产、经营和研发等关键环节选人组成专兼职结合的企业团干部队伍,培养掌握企业全面信息的复合型人才,既有利于企业生产经营,也利于企业后备经营管理人才的培养。

十五、企业共青团助力社会发展的方法

青年是推动历史进步的一支重要力量,在中国的革命、建设、改革的伟大进程中,一代又一代的青年在党的领导下、在团的组织下,不断进取、不懈奋斗,创造了不可磨灭的辉煌业绩。特别是改革开放以来,青年在社会主义现代化建设的各个领域创先争优、开拓奋进,奏响了新时代的青春之歌。企业共青团要发挥组织作用,动员和组织青年积极参与国家建设、社会发展和企业生产。

首先,要积极组织动员企业青年员工关注和参与国家建设。国家建设包含政治、经济、文化等各个方面,要动员企业青年员工在完成本职工作的同时,积极关注国家发展的大政方针,引导青年结合岗位实际为国家建设建言献策。

其次,要积极组织动员企业青年员工关注和参与社会建设。青年在社会组织中扮演着重要的作用,青年人有活力、有激情,接受能力强,要积极动员和组织青年关注社会发展中存在的问题,利用自身的专业特长为社会发展献力献策。同时,深入开展志愿服务,助力社会发展。

最后,要立足企业的实际需求和生产特点,着眼青年员工的岗位技能提升、企业文化建设,深入开展"青年岗位能手""创新创效""青年职工技能大赛"等活动,为企业的生产建设贡献力量。同时,通过组织联欢会、联谊会、旅游,丰富青年的业余生活,并加强对青年团体的指导和帮助,为其发展争取有利条件。

十六、活动策划设计的方法

活动是共青团凝聚青年、团结青年、展示组织优势的生命线。共青团是一个群众组织,通过活动我们可以更好地教育、团结、引导广大青年、更好

地服务党和政府、展示自我，实现自我价值、体现青年的精神风貌。团干部如何成功地策划团的活动呢？要围绕党政中心工作，抓住助手和后备军政治定位做文章，引导青年积极参与和谐文化创建活动。依托党建带团建，开展评先评优、宣传典型等活动。

（一）要由内容决定形式

例如，要开展读书活动，就可以采取演讲的形式和读书竞赛的形式；要开展理想教育，可以用讲理想、比贡献活动和立志达标活动的形式把理想教育实践化；要完成急难新的任务，可以用突击队、青年攻关组等形式进行。只要是适合既定内容的活动形式，都可以采用。

（二）要从实际出发，因地制宜

选择什么活动形式，要从实际出发，不可套用人家的活动方式。例如，一些革命老根据地的团组织，经常组织青年到革命纪念地学习革命先烈的事迹，进行传统教育；一些纺织行业的团组织经常组织青年开展技术操作比武。在没有上述条件的地方则不宜开展类似活动。

（三）要适合青年特点

活动内容要围绕党的中心和本单位的工作任务，活动形式则要考虑到青年的特点。例如，开展"四有"教育、爱国主义教育都是党和政府的要求，但用什么形式开展这些活动，就要根据不同时期、不同层次青年的特点，把活动搞得灵活多样、生动活泼。

在设计活动时还应遵循以下原则：

1. 求异的原则。团的活动形式应新颖、别致，时时出新，不落俗套，讲求形式美，让团员、青年喜闻乐见。追求质的新颖与在一定时间内没人使用或使用时间尚短，是求得活动形式新颖、别致的着眼点。

2. 求变的原则。"变"则新，不变则腐。所谓"变"，就是变化多端，花样翻新。在开展活动的各种形式要素已经确立的情况下，我们只要改变一下活动形式的结构，就会有新的活动产生。

3. 求优的原则。求优，就是使活动形式达到最佳程度。要求团干部创新活动形式，走群众路线，把最佳活动形式的选择建立在广泛开展活动的基础上。

4. 求当的原则。组织活动应考虑条件、环境，同时也要根据参加人员的文化素质、年龄特征、工作性质、学习特点，而采取适宜的形式。

第二节　组织建设

十七、党建带团建的方法

党建带团建，关键在"带"，根本在"建"，通过"带"与"建"两手共抓，解决团建中存在的薄弱环节。

一方面，要在"带"字上下功夫。一是用党的理想信念在思路上"带"。坚定不移地用马列主义、毛泽东思想、邓小平理论、"三个代表"重要思想、科学发展观、习近平新时代中国特色社会主义思想教育广大团员青年，树立共产主义的信仰、为人民服务的信念和对中国特色社会主义的信心。不断提高团员青年的政治理论水平，提升发现问题、分析问题以及解决问题的能力。二是用党的组织优势在组织上"带"。要充分发挥党的组织优势，积极指导各级团组织建设，不断创新团的基层组织设置，如创新农村、民营经济组织和社区团的建设，积极构建新的组织网络，扩大团组织的覆盖面。三是用党的优良传统在作风上"带"。要教育团员青年继续和发扬党的优良传统和作风，提高全心全意为人民服务的自觉性，正确处理事业与名利、权力与服务的关系，做到真心爱民、一心为民、诚心富民。

另一方面，要在"建"字上下功夫。主要是抓好"五项制度"建设：一是要形成定期研究共青团工作制度。各级党组织要定期研究共青团工作，抓住薄弱环节，把握新趋势，常抓不懈，常抓常新，不断推动党建带团建工作新发展。二要建立党建带团建工作责任制度。党组织要层层建立党建带团建工作责任制，力求形成党组织负责人负总责，分管领导具体抓，一级抓一级，层层抓落实的良好工作格局。三要建立党建带团建工作共建制度。按照活动共建、责任共建、阵地共建的原则，把团建纳入党建的范畴，做到统一部署、统一要求、统一落实。四要建立团干部协管制度。对团干部实行双重管理，以同级党组织为主，上级团组织协助管理。基层党组织在任免、调动同级团组织负责人时，要与上级团组织事先充分协商，征求意见。各级团组织对下一级团组织班子成员负有教育培养、举荐的责任，并可协助党委组织部门进行考察，进一步建立健全团干部协管工作机制。五要落实推优荐才制度。各基层党组织在发展 28 周岁以下青年党员时，要重点在共青团员中选择，并经团组织推荐，使"推优"成为发展青年党员的主渠道。同时，积极完善评选表彰、推优晋职等激励措施，鼓励各级团组织举荐各类优秀人才。

十八、加强基层团委管理的方法

1. 认真执行民主集中制原则，力求团的领导班子管理科学化、决策民主化

民主集中制是共青团根本的组织原则，团的领导班子在管理和决策的时候，要充分发扬民主，倾听基层团员青年的意见和呼声，切实保障团员的民主权利。在团员青年中有很多闪光点可供借鉴，团的各级领导若能做到这一点，将十分有助于自身在管理和决策过程中达到科学化和民主化的目的。当然在民主的基础上要实行正确的集中，加强组织性和纪律性，保证团的决议得到有效贯彻执行，同时也有利于提高工作效率。基层组织是团的一切工作的基础。作为基层团组织的领导机关要确立基层第一的观念，发扬务实、求实的作风，深入基层，服务基层，只有这样才能不断增强基层活力。

2. 教育培训和自我勉励相结合，不断提高领导班子个体素质

共青团领导干部的特殊岗位决定了其自身应该具有相应的素质。一个领导班子成员素质的高低，直接关系到决策的成败。基层团委的领导班子年纪轻、资历浅，更应在个人素质方面严格要求自己。在平时的工作和学习过程中就应当从各方面加强自身的理论素质、政治素质、品德素质、知识素质、能力素质、心理素质等的培养。要提高这些素质不是一朝一夕就能够完成的，需要在平时的教育培训过程当中不断积累，最重要的是要经常自省，勉励自己缺什么补什么，才能不断促进团的事业发展。

3. 团结协作，正确处理领导班子内部关系

各级领导班子是由不同经历、不同知识结构、不同性格的领导个体组成的，他们之间有共同点，也有差异；工作中有分工，更有合作；思想认识上有一致，也有矛盾；感情上有交流的需要，也有疏远的可能。所有这些都反映在领导成员之间的相互关系上。团的领导班子也存在这种规律。能否正确地处理一个团委领导班子内部的关系将直接影响到班子的团结和统一，影响到班子的效能发挥和整体形象，也会影响到能否做出科学的决策。因而要正确处理团组织领导班子内部的关系，我们应当遵循以下几个原则：

（1）大局原则。作为团的领导干部，都要把团员青年的利益放在首位，不计较个人得失，个人的利益要服从团员青年的整体利益。

（2）尊重原则。领导班子成员间要相互尊重，尊重他人的人格，尊重他人的意见，尊重他人的权限。

（3）信任原则。相互信任，互不猜疑。信任别人和被人信任，既是领导者高贵品质的表现，也是正确处理领导班子内部关系的必要前提条件。

（4）协调原则。协调要求领导班子成员把思想统一在共同目标上，并为此团结奋斗，在一些非原则问题上求同存异。

（5）团结原则。领导班子成员在处理班子内部关系时，要始终本着能够增进班子内部团结的宗旨来进行。

十九、团组织加强自身作风建设的方法

第一，要以马克思列宁主义、毛泽东思想、邓小平理论、"三个代表"重要思想、科学发展观、习近平新时代中国特色社会主义思想武装全团，使广大团员和团干部进一步提高理论素养，掌握开拓创新的强大思想武器。要在大力推动团干部自学的同时，认真抓好集中培训。要大力弘扬理论联系实际的马克思主义学风。要联系团员团干部的思想实际，帮助他们了解国情、了解社会，深刻理解马克思主义科学理论，增强政治敏锐性和鉴别力，坚定走建设中国特色社会主义道路的信心。要联系团的工作和青年实际，运用马克思主义的立场、观点和方法认识问题、分析问题、解决问题，不断增强做好新形势下团的工作的能力。

第二，要牢固树立服务青年的意识，把服务青年落实到团的各项工作中。要把为青年办了多少实事、解决了多少难题，青年赞成不赞成、满意不满意，作为衡量工作成效的重要标准，作为检验团干部作风的重要尺度。团组织想问题、做决策，要把青年是否受益作为重要依据。

第三，求真务实是解放思想、实事求是思想路线在工作作风上的具体体现，是思想认识和工作决策符合客观实际，使团的各项工作落到实处、取得实效的重要保证。要克服短期行为。团的事业是一项长期的事业，需要一代又一代团员和团干部不懈努力。团干部要切实加强自身修养和党性锻炼，自觉抵制急功近利不良风气的影响。要克服形式主义。团组织要善于创造和运用丰富多彩、青年喜闻乐见的活动形式，开创生动活泼的工作局面，但要坚决反对脱离内容一味追求形式的形式主义，做到重实际、办实事、求实效。

第四，增强艰苦奋斗精神，对做好新时代团的工作，对团员团干部抵御

各种腐朽思想的侵蚀，健康成长，具有重要意义。要牢固树立正确的世界观、人生观、价值观，处理好个人与组织、个人与集体的关系，正确对待名利，把党的利益、人民的利益摆在首位，把团的岗位当作学习的岗位、锻炼的岗位、奉献的岗位，为党的事业和青年工作奋力拼搏、无私奉献。要始终保持积极向上的人生追求和奋发进取的精神状态，培养吃苦在前、享受在后的高尚情操，坚决反对拜金主义、享乐主义和极端个人主义。要坚定理想信念，筑起拒腐防变的思想长城，始终保持清醒的头脑，自重、自省、自警、自励。要厉行节约、勤俭办事。要注重小节，防微杜渐，在任何情况下都要耐得住寂寞，守得住清贫，顶得住诱惑，经得住考验，做到一身正气，一尘不染。

第五，民主集中制是团的根本组织制度和领导制度。加强民主集中制建设，是增强团结，充分发挥各级团组织和广大团员团干部的积极性、主动性和创造性，提高团组织战斗力的必然要求。要发扬团内民主，增强团的纪律，做到步调一致。全团必须进一步增强党的观念，自觉坚持党的领导，与党中央保持高度一致。要按照《团章》规定，团员个人服从组织，少数服从多数，下级团组织服从上级团组织。要充分发挥团的代表大会和委员会全体会议的作用，涉及团的全局和长远的问题要提交团的委员会全体会议讨论决定。要拓宽团内民主渠道，使团员对团内事务有更多的了解和参与。团的下级组织既要向上级组织请示和报告工作，又要独立负责地解决自己职责范围内的问题。

二十、通过完善制度来加强团组织建设的方法

1. 完善团支部的"三会两制一课"制度

团支部要定期召开团支部团员大会，根据团支部工作需要，经常召开团支部委员会，并指导团小组开好团小组会；严格按照有关要求，每年定期实施团员教育评议、年度团籍注册制度；定期组织团员上好团课。原则上团支部要每月召开一次团支部大会、团支部委员会、团小组会，明确团员大会、支部委员会和团小组会议的任务、时间和程序，保证团支部生活正常。

从团员的思想实际出发，团支部要安排固定时间召开团支部大会对每一名团员进行教育评议，要求团员除极特殊情况外都要积极参加教育评议活动。

团员年度团籍注册是对团员团籍的连续认定，是基层团组织做好团员管理的一种主要形式。凡是参加团的活动、做团组织分配的工作并按时交纳团费的团员，团组织都应予以注册（除受留团察看处分）外，团员违反团的纪

律，团组织都应在给予批评教育和必要处分的同时，办理注册手续。按团员证管理规定，注册时间一般定为第四季度至下年第一季度，团员必须在规定的注册时间注册团籍，如外出可适当延长，但一般不得超过 3 个月，如超过规定时间一年未注册的团员，团组织应注销团员证并按自行脱团处理。

团课是组织对团员进行思想政治教育和团的基本知识教育的主要形式，是提高团员思想理论水平和政治素质的有效途径之一。团课除了要引导和帮助团员学习马列主义、毛泽东思想、邓小平理论、"三个代表"重要思想、科学发展观、习近平新时代中国特色社会主义思想以及方针政策、党章团章等外，还应该针对团员思想、工作中的具体问题，有针对性地邀请相关专业人员进行授课。团课内容的安排应讲求针对性、系统性和计划性。讲授团课必须制订计划，在调查研究的基础上认真备课。

2. 健全团员教育管理制度

加强团员意识教育。加强对团员进行党的基本理论、基本路线、基本纲领和基本经验教育，坚定团员永远跟党走的信念。

创新团员管理方式。根据青年流动日益加剧的趋势，进一步提高团员管理信息化水平，积极利用互联网"智慧团建"等现代科技手段加强团组织与团员青年的联系。

加强团员发展和"推优"工作。进一步加大团员发展力度，重点做好团员发展工作。要坚持标准，严格程序，把好入口关，以培养、教育为重点，抓好团队衔接和团前教育工作。在团员发展过程中可以引入民主推选、入团公示、入团预备期教育等做法，确保新发展团员的质量。落实好 28 周岁以下青年入党，一般应从团员中发展和发展团员入党，一般要经过"推优"的规定。在党委组织部门的指导和帮助下，加强"育优"环节与"推优"环节的衔接，不断壮大团员入党积极分子队伍，把"推优"工作纳入青年党员发展工作规划，使之成为发展青年党员的主渠道，使团员成为发展青年党员的主要来源。

3. 推动团日活动制度

团日活动是先进青年的群众性活动，随着生产方式和生活方式的变化，团日活动发生了很大的变化，团的活动形式也相应地发生了由集中向分散、由单一向多样、由封闭向开放的变化。像团的民主生活会、发展新团员、欢送超龄团员、在团旗下宣誓、学习文件、传达上级会议精神、讨论团员的奖惩等，都是团日活动的传统形式。特别是长期形成的三会两制一课，是行之有效的团日活动形式,虽然它的内容不断充实变化,但其形式是比较稳定的。

4. 执行团费收缴、管理和使用制度

按期交纳团费是团员对自己组织应尽的一种义务,又是团员支持团的工作的一种表现,同时还是团员和团组织保持经常联系、不断增强组织观念的一种必要形式,《团章》规定每个团员必须按时向组织交纳团费。

团费应由各级团委组织部门统一管理。要建立健全团费管理制度,指定专人负责,单独立户存入银行,不得同团的其他经费混用。团委在收取下属团组织上缴团费时,应出团费收据,并加盖公章。

二十一、企业建团的方法

企业团组织是共青团的基层组织。符合建团条件的企业可以与当地团委联系,并提出申请。

1. 提出建团意愿

如所在企业有党委(支部),须先征得党委(支部)的同意,再向上级团组织提出申请;如所在企业没有党委(支部),则直接向上级团组织提出申请。

2. 向上级团组织提出正式申请

申请书中应该包括以下内容:申请设立团委、总支或支部的理由;本单位团员人数及分布情况;成立团支部筹备委员会的情况;如果申请设立团委或团总支,要说明团组织机构设置情况(即计划下设总支部数、支部数及委员人数)。

3. 上级团委对申请单位进行考察

收到企业正式申请之后,上级团委应该及时组织人员对申请单位进行考察。考察内容一般为上报情况是否属实、委员会人数是否符合团章规定、领导班子人选是否具备条件等。

4. 筹备委员会召开团员大会

上级团委考察完毕并认可后,筹备委员会可以召开全体团员大会。团员大会主要议程是:按团内民主选举程序选举产生团委、总支或支部委员会;确定所有委员人数及名单;大会之后召开全体委员会议,明确近期工作内容和工作分工等。

5. 向上级团委递交选举结果报告

团员大会召开后,筹备委员会应及时向上级团委递交关于选举结果的报告。报告主要内容包括选举工作情况,选举产生的书记、副书记、委员名单等。

6. 上级团委对报告进行审批

收到企业团组织筹备委员会的报告后,上级团委应及时讨论审批。如符合建团条件,应及时下发正式批文。

7. 企业团组织正式成立

收到上级团委的正式批文后,企业团组织正式成立。企业团组织应将上级批文及各类资料存档备考。同时,可以适时召开团组织成立大会。

二十二、推动企业青年自组织建设的方法

1. 身份认同

对青年自发组织的各种兴趣团体,团组织要积极发掘、密切接触、主动承认、大力支持和引导,要主动承担起对青年自组织的领导职责。有条件的团组织可以建立青年自组织联合中心模式。该模式的提出是鉴于青年自组织自身发展的局限性以及团组织在当前对自组织引导力量的薄弱。在该模式的创建过程中,要特别加强团组织的主导功能,为自组织提供各种资源,满足其发展需求,使自组织在该模式的支撑下规范团建工作,过上组织生活。

2. 路径引领

要加强对青年自组织的引领,对内容积极向上、有助于青年成长的自组织要加大支持的力度,鼓励其多开展活动,多为青年员工的健康发展贡献力量。而对于个别内容不健康的组织要有水平地遏制,督促其改正。

3. 物质支持

建立开放的支持体系,加大工作投入,通过争取企业支持、设立专项发展基金等,为青年自组织提供资金、场地、项目等方面的扶持,推动它们加强自身建设、开展有益活动。

4. 人力帮助

开展领袖培训,针对青年自组织骨干横向交流和自我提升的要求,积极主动地通过青年自组织峰会、论坛等形式,加强青年自组织之间的横向交流,

第一章 共青团工作方法

通过开设骨干交流、专题研讨等形式，开展青年自组织领袖训练，帮助青年自组织实现规范化发展，科学化管理，健康化导向。在自组织组织的活动中，团组织还可直接组织人员帮助自组织开展活动。

二十三、推动企业共青团组织建设的方法

1. 明确团组织的地位和作用、围绕企业中心工作开展团的工作

中国共产主义青年团是中国共产党领导下的先进青年的群众组织。青年团员们的思想比较活跃，创新意识强，文化水平较高，求知欲强，作为现代企业经济建设中的主力军，他们是各项工作指标、经济指标、任务完成的主要力量。企业团组织要想找到自己应有的位置，就要立足共青团与党紧密的政治联系，引导和发动青年主动投身生产建设的第一线，积极参与企业生产管理的各个环节，要通过诸如"创建青年文明号、创新创效"等有效活动载体，号召青年为企业的生存发展发挥自己的聪明才智，发挥团员青年的生力军和突击队作用，引导青年为企业的兴衰而思考，为企业的效益去奋斗，为企业的发展做贡献！

企业的生产目的是追求经济效益，团组织要以提高企业经济效益为工作的出发点，积极组织青年活动。一是围绕企业中心工作深入开展创新创效活动，鼓励和帮助团员青年进行创新研究；二是"争创青年文明号"活动要在传统管理的基础上，有针对性地细化创建内容，促使"青年文明号"创建活动更紧密地贴近企业生产管理、项目建设等中心工作；三是要通过青年突击队、青年兴趣小组等多种形式，把青年组织起来，凝聚起来，积极性调动起来，充分发挥他们的聪明才智，为企业发展和社会进步贡献力量。

2. 充分发挥服务青年的作用，树立为青年服务的意识

团的基层组织要及时了解和掌握青年的需求，切实代表和维护青年利益，做好针对性服务。在政治上要爱护青年，对一些思想好、业务技术精、综合素质高的青年要积极向党组织推荐；在工作上要支持帮助青年，通过争当青年岗位能手、拜师学技等有效活动载体，不断提高青年的业务技能水平；努力开辟青年参与改革和实践的舞台；突出服务青年成长成才的需要。当今青年都有着成才的渴望，团组织要不断完善青年人才库和优秀青年人才推荐机制，竭尽全力帮助青年健康成长；在生活上要关心青年，切实维护青年权益，通过团组织的活动，切实为青年撑起维权大伞，解决其工资、福利、户口、子女入托入学等各方面的具体问题，为青年办实事，排难解忧，做青年的知

心人，把组织办成青年人"温馨的家"。通过各种文体活动丰富青年的业余文化生活，充当好青年的知心朋友，尽心尽力为青年解决一些实际生活中遇到的困难。

3. 完善团干的选拔、任用和发展机制，落实团干的相关待遇

在推优、举荐、提拔优秀团干部上加大力度。通过公开选拔、民主推荐、竞争上岗等形式选拔出称职的团干部，切实让那些思想作风端正、业务素质过硬、热心共青团事业的优秀青年担任团干部。落实基层团干部政治经济待遇。基层团组织的书记、副书记应按同级党组织（行政）职能部门或下一级党组织主要负责干部的条件配备，并享受相应的政治、生活待遇；兼职书记、副书记也应享受相应的政治待遇和工作补贴。协助党委组织部门做好团的领导班子选拔配备和团干部的转业输送工作。对超过任职最高年龄限制的，应及时安排转岗，对特别优秀的，可予以破格使用。适应团干部队伍流动快的特点，加强基层团的后备干部队伍建设。对团干部流动较大的基层单位，避免因人员流动影响团的工作连续性。结合实际制定、完善团干部考核办法和考核细则，将考核结果定期向有关基层党组织通报。

4. 加强基层活动阵地建设，拓宽经费来源渠道

活动阵地建设要遵循"实际、实用、实效"的原则。基层团委一般应建立由团组织管理和使用的活动场所。要积极争取党政领导支持，推动将青年活动阵地建设纳入本企业职工活动建设规划，积极建设青年活动中心、青年图书站、青年之家等活动阵地。同时，要积极进行网络阵地建设，将QQ群、微博、微信公众号、短视频平台等作为基层团的工作的新载体、新阵地。

二十四、推动非公团建工作的方法

1. 坚持党建带团建，把握方向，加强自身建设

党建带团建是共青团始终充满生机和活力的法宝，是共青团始终沿着正确方向前进的关键，也是团工作能否取得成功的重要的工作机制。

赋予团组织一定的工作职能，帮助团组织在企业中找到立足点，提高其工作地位。只有这样，非公有制企业的团建工作才能紧紧跟随党建的步伐更快更好地开展。团组织应把握方向，加强自身建设。在组织建设方面，适应企业发展，及时组建和调整团组织机构设置，健全企业团的委员会和常务委员会，按照有关规定开展民主管理工作。在制度建设方面，加强管理制度的建立和完善。进一步完善"推优入党"工作程序，使之逐步成为发展青年党员的主渠道。

2. 统一认识，加强指导，营造团建的良好氛围

一是提高各级党团组织的思想认识，使他们克服"重党建轻团建、重公有轻私有"的做法，增强抓好非公有制企业团建工作的主动性。团的各级领导机关要明确本级工作任务，落实本级工作责任，不能把工作任务简单分解给基层，努力形成条块结合、齐抓共管的工作局面。特别是对本地规模较大的非公企业，上一层级的团组织要主动上阵，推动其建团并加大管理联系力度。

二是提高企业主的思想认识，通过各种舆论工具，对企业主进行广泛的宣传教育，使他们明白在非公有制企业中加强团的建设有利于企业更快更好地发展。

三是提高企业青年员工的思想认识，通过教育、服务、引导，使团员青年认识到，在非公有制企业同样也是为国家做贡献，为社会出力，也要发挥突击队和生力军的作用。

四是大量选派团建指导员，加强对非公企业建团及活动开展的支持。如为非公企业配备见习人员、高校挂职团干部、西部计划志愿者等群体，充实工作力量，请他们担任非公团建联络员、指导员和监督员，一对一推进。

五是配备专兼职团干，加强对团干部的培训，提高基层团干部工作能力。

六要加强行业牵动。深入研究市场经济条件下企业聚集的内在机理，抓住企业在同业交流、利益表达等方面的共同需求，积极借助行业协会的工作力量和专业优势，不断深化行业团建工作，形成行业整体推进的工作格局。各级地方团组织发挥行业专业力量和专业优势，在具备条件的行业建立行业共青团的组织平台和工作平台，根据紧密程度由强到弱，包括行业团委、行业团工委、行业团指委、行业团的理事会四类组织形态。行业团组织主要任务：推动行业内非公企业建团工作；联系管理行业内非公企业团组织；找准工作切入点，设计具有行业特点的工作和活动载体。

七要抓好骨干示范。注重抓好本地区规模影响较大、从业青年较多的非公企业团建工作，着力培育一大批非公团建骨干力量，充分发挥其示范和支撑作用，有效带动非公企业团组织的整体活跃。骨干非公企业团组织主要任务：积极探索团组织根本任务、根本属性与企业根本功能的融合点和工作切入点，服务企业科学发展；创新非公企业团的工作和活动载体，围绕青年信念养成、人格塑造、能力提高，开展有针对性的思想性、技能培养性、娱乐性活动，切实为企业青年提供学习成才、身心健康、社会融入、情感婚恋等普遍性服务；探索非公企业共青团工作的组织运行机制。

八是通过结对共建帮助非公企业开展工作。把青年文明号单位、国有企业、"五四"红旗团委等团建优秀单位与非公企业结对，帮助其开展工作和活动、互派团干挂职锻炼。

3. 多渠道、多路径推动非公企业建团

新建非公企业团组织整体上处于"欠活跃"状态，一方面需要靠工作设计激发其内在活力；另一方面也需要靠外部推力引导其增强活力。非公有经济组织的类型多样，构成复杂，团建工作没有固定的模式可循，我们可根据企业的实际情况，因地制宜，灵活设置团组织。

（1）支部进厂。在条件比较成熟的企业中，把团组织直接建立在企业内部。

（2）社区建团。一方面是村建团总支。把部分非公有企业较集中的农村团支部升级为团总支，借助村的力量，发挥村的优势，促进非公有企业建团。另一方面是社区居委会建团。不少非公有企业的生产区与生活服务区分开，分别进行管理，通过社区居委会建立团支部，把团员青年吸收到社区居委会团支部中来。

（3）依托协会或市场建团。专业市场的员工比较分散，各家企业或个体户独自成立团支部的条件都不成熟，而且逐家成立团组织的工作量也非常大，为此，依托市场管理处或行业协会设立了联合团支部。这种灵活设置团组织的方式，既受到业主、团员青年的欢迎，也更能充分发挥团组织的作用。

（4）建立团的外延组织。在成立团组织条件不成熟的非公有企业，可以积极发挥团的外延组织作用，成立青年协会、联谊会或兴趣小组。成立团的外延组织，一是企业主容易接受；二是可以为成立团组织创造有利的条件；三是可培养和锻炼好团的骨干。

4. 丰富工作内容，创新工作机制和方法

在非公有制企业中建立团的组织，开展团的活动，既要符合青年的特点，满足青年的需要，才能吸引青年，提高团组织在团员青年中的影响力和凝聚力；又要满足企业发展的需要，才能被企业主和经营者接受，体现团的工作服务于地区经济社会发展的大局要满足这两者的需要，关键是要找到最佳的切入点。团组织为青年员工解决工作、学习、生活、婚姻、家庭等问题，服务青年成长成才,提高他们的综合素质、劳动技能和工作效率,从而促进企业的发展。

(1) 开展文体活动,扩大团的影响,增强青年的团员意识,加深企业主对团的了解。无论是在非公有制企业中建立团的组织,还是开展团的工作,文体活动都是团组织进入非公有制企业大门的一把"金钥匙",一块"敲门砖"。搞好企业文化是改变员工精神面貌、提高工作积极性的有效途径。

(2) 开展职业技术以及新知识、新技能培训,提高青年员工的劳动技能,增强企业的竞争力。非公有制企业员工特别是生产第一线的员工大部分劳动技能水平都比较低,随着企业的不断发展,对员工的素质要求越来越高,青年员工低水平的劳动技能无法满足企业发展的需要,增加了就业的危机感,十分渴望尽快提高自身素质,增加或确保就业的机会。企业主也清醒地认识到企业要发展就要提高竞争力,而提高竞争力的关键是要提高员工的整体素质。考虑到青年员工的收入水平较低,能自己支配的时间比较少等因素的制约,基层团组织可以充分利用现有的资源优势,发挥本地区劳动部门、职校、技校(中专)、高校青年志愿者的作用,有针对性地定期举办劳动技能培训班;不断提高他们的综合素质。

二十五、提高企业共青团组织建设水平的方法

1. 坚持党建带团建,以改革创新精神加强团的自身建设,切实增强党对青年的凝聚力、青年对党的向心力、共青团的影响力。

2. 大力提升团的组织活力和服务能力。要以服务青年、做青年群众工作为主要任务。要因地制宜地设计工作内容和工作项目,使青年乐于参与、便于参与。要尊重团员的主体地位,积极发展团内基层民主,使之成为提升基层团组织活力的重要途径。努力在经费、人员、项目等方面帮助基层解决具体问题和困难。

3. 注重加强对青年社会组织的联系、服务和引导。要了解把握青年社会组织的信息和动态,加强联系沟通,为青年社会组织开展活动提供信息、阵地等方面的服务并开展工作项目合作。加强对青年社会组织的引导,在有条件的青年社会组织中建立团组织,进一步延伸团的工作手臂。

4. 创新网络团建和信息化工作手段。要加强共青团信息化建设。推进网络建团,逐步建立网上团组织。积极推动共青团工作的网络化,实现线上线下发动青年、聚集青年的更好结合。

二十六、企业共青团推动党建带团建工作的方法

党建带团建是在基层团组织建设实践中总结出来的成功经验，党团建设相互促进、共同提高的有效做法。面临新形势、新任务和新要求，共青团组织要时刻牢记党的宗旨，按照党建带团建的要求，围绕企业中心工作，团结带领团员青年积极投身企业改革发展实践，充分发挥团组织在企业振兴发展中的生力军作用，为企业的发展奉献青春、智慧和力量。

（一）思想上重视，把党建带团建摆到战略高度去谋划

在一些企业，团组织不健全，团员队伍凝聚力不强，团的作用不突出，与该企业党组织或领导不重视团的工作有很大关系。各级党组织都应从战略的高度，着眼未来长远发展，高度认真对待团建，深刻认识做好共青团和青年工作的重要意义，逐步树立团的发展和党的发展同研究、团的工作和党的工作同谋划的意识，将团建纳入党建的整体布局，在党建的带动下加强团建，以团建的成效服务于党建，切实加强和改进共青团和青年工作。

首先，要明确共青团是党的助手和后备军，团的建设从来就是与党的建设紧密联系在一起的，坚持基层党建带团建是新形势下巩固党和青年群众基础的迫切需要。共青团是党领导下的先进青年的群众组织，把基层团组织建设纳入基层党组织建设的整体格局，党建、团建配套联动，相互促进，共同发展，才能不断增强基层组织的生机与活力。

其次，应理清经济工作与党群工作之间的关系，着力提升基层党组织的重视程度。各级单位党组织负责人要尽可能积极地参加青年的活动，支持活动的开展。

最后，党组织和相关负责人要系统了解团的工作，听取团组织负责人工作汇报，了解本单位团组织工作现状，以工作餐、住处走访、工作慰问等形式走近青年、了解青年、倾听青年。团组织负责人也要主动向党组织和相关负责人汇报工作，及时报送相关重要文件。

（二）加强思想建设，引导青年树立正确的世界观、人生观、价值观

必须坚持把加强青年思想政治建设放在党建带团建工作的首要位置。党建带团建就是各级党组织要在习近平新时代中国特色社会主义思想的指导下，带领基层团组织加强思想政治建设，帮助他们树立正确的世界观、人生观、价值观。教育引导团员青年坚定正确的理想信念，走建设有中国特色的社会

主义道路。

首先，把加强对青年的政治思想教育与党员教育等一起研究、一起部署、一起落实，并充分利用"三会一课"等宣传教育平台，以多种形式的党建活动为依托，抓实抓好青年思想政治工作，弥补企业共青团团干多为兼职、阵地比较少的不足。党组织要指导和帮助团组织做好青年思想政治工作，如通过举办报告会、主题讨论会、专题讲座等活动使广大青年团员坚定理想信念，树立正确的世界观、人生观、价值观。

其次，团组织要深入了解掌握青年团员的思想动态，及时向党组织汇报，为党组织做好青年思想政治工作提供依据。党委负责人要勤于走近青年、贴近青年，了解青年诉求，倾听青年呼声，通过开诚布公、潜移默化的方式，对青年进行形势和任务教育，帮助青年树立责任意识。

(三) 加强组织建设，不断提升团组织的凝聚力和战斗力

基层党组织要加强基层组织建设，坚持组织共建、阵地共建共享，充分发挥团组织和团员青年的生力军、突击队作用。各企业党组织要按照高效、协调，有利于加强共青团工作的原则，切实加强团的组织建设，合理设置团组织机构。

首先，企业各级党组织要高度关心和重视团员队伍建设，提高团员对团组织的认同感和归属感，不断增强广大团员的政治意识、组织意识和模范意识，建设一支组织意识强、大局意识强、综合素质高的团员队伍，提升团组织整体的凝聚力和战斗力。

其次，加强和巩固团的基层组织。建立以企业一线生产部门、职能部门为主体的企业团的基层组织体系；整顿各级单位中"空壳化"、软弱涣散的团组织。

各级单位团组织要巩固好报纸、杂志、电子期刊、板报、展板、新媒体等宣传阵地，在宣传内容、宣传方式上求新、求变、求实，实现主流声音对青年的科学有效引领，全方位增强团组织和共青团活动对青年的吸引力。

(四) 加强作风建设，展现共青团组织良好形象

团的作风是团的性质和宗旨的体现，团干部作风关系团的形象。在企业中建设一支党放心、青年满意、作风过硬的团干部队伍是党和团的事业发展、企业的和谐与进步的迫切需要。

首先,加强解放思想、实事求是的思想作风。把团干部的思想作风建设摆在作风建设的第一位。团的干部要做到解放思想、实事求是,必须用科学的理论武装自身。要坚持一切从团的实际出发,从青年的实际出发,服务基层,服务青年。要贯彻党的思想路线,营造求真务实良好氛围,准确把握党的要求、青年的特点和群众工作的规律、青年工作的规律。使自己的思想观念和思维方式适应不断变化了的新形势,跟上时代的步伐,研究新情况,解决新问题。

其次,加强联系青年、服务青年的工作作风。作为执政党的青年组织,团的职责是巩固和扩大党执政的青年群众基础,扎根于青年,始终保持与青年的密切联系、把青年紧密团结凝聚在党的周围。

再次,加强孜孜以求、学以致用的学习作风。团干部的岗位首先是一个学习的岗位。学习是团干部的首要任务,要树立强烈的学习意识。每一位团的干部都要看到自己学习上的不足,多了解大局,多掌握一些基本数据、基本概念和基本知识,特别是面对知识的更新和青年思想的变化,多研究团的工作规律。学习的目的在于运用,要联系实际,指导实践,学以致用,致力于用自己学习实践的成果来寻求破题的有效载体和根本措施。

最后,加强严以律己、艰苦奋斗的生活作风。指导团干部树立正确的权力观、地位观、利益观,在思想上解决好入团入党当团干部为什么,在团的岗位上应该做什么,将来离开团的岗位要为团组织留点什么的问题,不论在"工作圈"还是"生活圈""社交圈",都要时刻检点自己,不为低级趣味所诱,不为世俗交往所累。团的干部要自律自强,志存高远,为青年做出表率。

(五)加强队伍建设,提高团干部的工作热情和综合素质

各级党组织要大力加强团组织班子建设,优化班子结构,提高团干部素质和能力。同时,要把团干部的选拔配备、教育培养、管理使用纳入干部队伍建设的总体规划,着重解决企业团干部多为兼职的问题,落实团干部的待遇,激发其工作积极性。

首先,做好团干部选拔配备工作。把公开选拔、竞争上岗等方式同团内民主选举制度相结合,切实把思想好、素质高、能力强、潜力大、作风正的符合团章规定的年轻干部按照团章规定的程序和方式选拔到团各级领导岗位,配齐配强团干部。凡出现团组织正、副书记空缺的,应及时配齐。选拔任用各级团组织正、副书记时,要按照团干部协管规定,事先书面征求上级团组

织意见。

其次,强化团干部教育培养工作。党组织要把团干部教育培训工作纳入党的干部教育培训总体规划。帮助团组织负责人学习和积累工作经验,增强全局观念。

再次,加强团干部管理使用工作。党组织要经常性了解本级团组织贯彻落实上级团组织和同级党组织工作部署和要求的情况,作为考核评价团组织负责人的重要依据。团组织要主动向党委组织部门提交团干部交流计划,党委组织部门要及时研究,形成团组织积极推荐、党委组织部门统筹安排的团干部转岗输送机制,切实做好专职团干部的转岗工作,对德才兼备、实绩突出、群众认可的团干部要予以重用。

最后,要认真按照政策规定落实团干部有关政治、经济待遇。确保团干部相关待遇的落实,保证他们有一定的时间从事共青团工作,有效调动团干部的工作积极性和热情,发挥团干部服务企业中心工作的能力和水平。

(六)加强制度建设,完善制度保障

党建带团建工作牵涉面广,是一项具有长期性的系统工程,要切实抓好这项工作,必须以科学、规范的运行机制做保障。建立健全科学、规范的运行机制,是确保党建带团建工作顺利开展的重要保障。

第一,建立健全党建带团建的组织领导制度,明确有一位党委负责人主管团的工作,建立责任制,逐层抓,逐级带,抓好落实。

第二,建立汇报工作制度。党委应定期听取团委工作汇报,团委应不定时向党委汇报大型活动和重点工作进展情况,确保能够及时准确地传达落实党委工作思路和安排,并使团的工作得到及时指导。同时,建立有关团的最新文件和报告的签报工作制度,便于其企业党政领导班子和各职能部门了解团的文件、会议、报告,促进团的工作开展。

第三,完善"推优"工作制度。积极发挥"推优"工作在党组织和团组织之间的纽带作用,把各条战线上的优秀青年和优秀团干部不断推荐给党组织,使广大团员青年在实践中成长壮大。

第四,实行团干部管理制度。实行竞聘上岗制,严格按照推荐、选举、择优的程序,选拔团干部。建立健全团干部工作责任制和考核制,将团委书记、副书记的考核纳入企业管理人员责任考核体系,将其待遇和奖惩与部门正、副职一致。加强共青团干部的教育和培养,把团干部的培训纳入企业干部培训和人才培养规划，进一步提高团干部的战斗力，增强团组织的凝聚力。

第五，党组织要支持团组织参与企业民主管理和厂务公开工作，并形成制度。团委书记可以参加企业职代会主席团，列席行政会议，参与涉及青年职工切身利益的调资、职称评审等工作。企业在制定重大决策和推行涉及青年利益的重大改革措施时，应有共青团和青年职工代表参加，广泛听取青年职工的意见。企业职代会中青年职工代表应占有一定的比例。

第六，建立健全物质保障制度，为团的工作提供经费、阵地等物质保障。

（七）加强创先争优，推动团员青年不断进步

党团组织要牢牢把握党建带团建这一根本原则，将创先争优活动作为党建带团建的重要载体，坚持基层党组织创先争优与基层团组织创先争优同推进、同讲评、同表彰，引导广大团员青年围绕中心工作、立足本职岗位争当先进、争创优秀，推动党建带团建工作在基层的落实。

首先，各级党组织要制订党团共建创先争优方案，支持团组织开展创先争优活动，为团组织帮助青年创造条件。要带动团组织开展创建先进集体、争当先进个人的活动。

其次，将团的创先争优与党的创先争优紧密结合在一起，要参与和支持团组织创先争优活动的组织、动员、部署，在创先争优活动开展中，确保基层团组织有基本的、必要的工作经费和阵地依托，为团组织开展工作和活动提供便利条件。

二十七、加强企业团组织工作的方法

1. 不断探索和推进基层团建创新。坚持党建带团建，借助党建成果，促进"两新"组织团建紧跟党建步伐；善于借助党政工作在基层形成的新格局和新成果；积极推动基层团建与党建在工作空间和工作内容上的紧密结合。以走近青年为根本，根据青年喜欢的沟通、交流、联络和聚集的新方式，把握市场经济条件下各类经济组织的经济活动和商业模式的新变化，灵活设置团组织，积极探索联合建团、区域建团、依托建团、流动建团、行业团建等各种有效的团建模式，努力扩大基层团组织的覆盖面。创新企业团的委员会建设方式，充分发挥青年能人、企业技术和管理骨干的作用。依托互联网等现代科技手段进行组织建设和运行联络的新方式，使有条件的团组织实现组织管理和运行方式网络化，影响和覆盖更多的青年。

2. 要切实加强对基层团组织的领导，推进共青团工作的新发展。首先要转变观念，抓住机遇，在适应企业的改革与发展中促进团组织的生存与发展。其次要了解情况，分类指导，根据不同所有制、不同规模的企业团组织采取因地制宜的工作方式和手段。再次要积极探索，大胆创新。企业团组织要贴近实际，大胆创新，以争取地位，发挥作用。最后要进一步加强对共青团工作的实践探索和理论研究，把握工作发展趋势。在新的现代企业制度下，共青团工作的职能定位、作用发挥、工作方式、团干配备使用等都已发生较大的变化。我们不能仅凭团干部的责任感与事业心坚守阵地，更要进一步加强对企业共青团工作的前瞻性理论研究和实践探索。总之，展望未来，挑战与机遇并存，困难与希望同在。共青团工作必须突破传统思想框架，坚持党建带团建的原则，一切工作从企业实际出发，自觉适应形势，在改革中求转变、求创新、求发展，努力开创现代企业制度下企业团工作的新局面。

3. 基层服务型团组织建设。服务群团组织的生命，是一切社会组织的价值所在。共青团组织对青年的吸引力、凝聚力从根本上取决于服务青年的能力和水平。创建基层服务型团组织是做好党的青年群众工作的必然要求；是代表和维护青年利益、促进青年发展的现实要求；创建基层服务型团组织是共青团组织科学化发展的内在要求。服务型团组织明确了团组织发展的社会取向，从根本上体现了团组织的社会价值，使团组织在新形势下更具生命力和影响力。

二十八、创新企业共青团的青年组织体系和工作载体的方法

首先，企业团组织要着眼于业务部门和职能部门的青年员工，以青年员工为工作对象，以部门划分为组织单位，建立初步的组织结构框架。有条件的单位应在每个部门设立一个团支部，或几个相关部门联合设立团支部。要争取部门负责人的支持，最好争取负责人为团的支部书记，充分利用部门和部门负责人的影响力组织动员青年。

其次，企业团组织要充分利用和依靠企业党组织、工会的资源。坚持党建带团建，在党组织的领导下，借助工会的优势条件，依托党小组、工会小组建立和巩固团的基层组织，提高团组织的组织动员能力。

最后，企业团组织要深入青年团体中去，争取资源为青年团体活动的组织和开展提供条件。要高度重视青年自组织的发展，加强与青年自组织的联系、沟通和合作，探索在青年自组织中建立团组织，在条件成熟的地方主动

培育和发展具有自组织特点的青年社团。

在建立和巩固团的传统组织青年模式的同时，要不断开拓思路，结合时代特色和青年员工的特点，不断深化和探索社会化动员青年的方式，开辟社会化动员青年新载体。

要大力开展和深化青年志愿者行动。广泛动员青年参与公益活动，进一步完善志愿服务组织体系和工作机制。

积极探索社会化动员的新载体。善于借助市场力量，运用网络工具以及大众传媒手段，拓展动员领域，深化工作内涵，更加广泛有效地动员青年、影响青年、影响社会。

二十九、团支部协调工作的方法

团支部协调工作的重点主要体现在协调共青团组织先进性与群众性的统一，协调理论教育与实践教育的统一，协调青年参与社会主义经济建设、政治建设、文化建设和社会建设的关系，协调引导青年与服务青年的统一这四个方面。

1. 协调共青团组织先进性与群众性的统一

协调共青团组织先进性与群众性的统一，才能充分发挥党的助手和后备军作用、国家政权的重要社会支柱作用、党和政府联系青年群众的桥梁和纽带作用，从而增强共青团在青年中的吸引力和凝聚力。

2. 协调理论教育与实践教育的统一

协调理论教育与实践教育的统一，深入贯彻落实习近平新时代中国特色社会主义思想，就要自觉用实践推动工作。要深刻认识习近平新时代中国特色社会主义思想是对马克思列宁主义、毛泽东思想、邓小平理论和"三个代表"重要思想、科学发展观的继承和发展，是发展中国特色社会主义必须坚持和贯彻的重大战略思想，深刻认识贯彻落实习近平新时代中国特色社会主义思想是青年一代适应时代要求、促进自身发展、推动社会进步的必然要求。

3. 协调青年参与社会主义经济建设、政治建设、文化建设和社会建设的关系

组织动员青年积极参与经济建设。要积极创造条件，鼓励和推动青年创新创业，在促进经济又好又快发展中充分发挥生力军和突击队作用。

组织动员青年积极参与政治建设。要引导青年深刻认识中国特色社会主义政治发展道路是历史的选择、人民的选择。帮助青年增强民主意识、法制意识、公民意识和国防、国家安全观念。组织青年积极有序地参与民主选举、民主决策、民主管理、民主监督等民主实践。发展壮大青年爱国统一战线，推动不同民族、不同界别、不同阶层海内外中华青年的大团结、大凝聚，为维护国家统一、民族团结和社会稳定贡献力量。

组织动员青年积极参与文化建设。青年是文化的传承者和创造者。要充分发挥青年在传承优秀传统文化、推动文化创新中的积极作用。广泛开展青年文化节、青年风采展示等富有时代气息、符合青年特点的文化活动，加强青年文化人才培养，发展团属文化事业和产业，推动文化精品生产。

组织动员青年积极参与社会建设。共青团组织网络比较健全、联系青年广泛、社会动员能力较强，在推动社会建设中应当发挥更大的作用。

团总支在协调组织青年参与社会主义经济建设、政治建设、文化建设和社会建设的工作中要综合把握参与的力度，促进青年和社会的全面发展，不可偏废。

4. 协调引导青年与服务青年的统一

一方面要加强对青年的引导，社会思想越是多样化，越需要在青年思想教育中唱响主旋律。进一步坚定对中国共产党领导、社会主义制度、改革开放事业的信念和信心。在各族青少年中加强民族团结教育，引导青少年自觉促进各民族共同团结奋斗、共同繁荣发展。切实加强青少年思想道德建设。要遵循青少年的成长规律，根据不同年龄段青少年的实际感受和认知水平，科学设计教育引导的内容。深化未成年人思想道德建设工程，引导青少年从养成良好行为习惯入手，从小事做起，分清是非，明辨善恶，有爱心。广泛开展道德教育，树立可敬、可亲、可学的道德榜样，引导青少年弘扬社会公德、职业道德和家庭美德，自觉履行法定义务，做明礼诚信、有社会责任感的人。引导青少年增强忧患意识，培养艰苦奋斗、坚忍不拔、自强不息的意志品质。大力弘扬爱国主义精神，坚持爱国主义与社会主义的统一，坚持民族精神和时代精神相结合，帮助青少年树立正确的世界观、人生观、价值观。增强教育引导的针对性和实效性。要认真分析青少年的思想意识，准确把握哪些值得褒奖，哪些应当尊重，哪些需要引导。坚持贴近实际、贴近生活、贴近青少年，把先进性要求和广泛性要求结合起来，把思想认知和具体实践结合起来，把解决思想问题和解决实际问题结合起来，把教育引导和人文关怀、心理疏导结合起来。充分发挥文化的育人作用。利用互联网的互动性、开放性、迅捷性特点，积极利用网上引导的有效方式。

另一方面要提高团支部服务青年的水平,把服务青年工作提高到一个新水平,并代表和维护好青少年的合法权益。当代青年成长发展的环境发生了深刻变化,青年的需求更加广泛、具体。要全面把握青年身心健康、个人成长、事业发展、社会参与和权利表达的不同需求,深入研究政府、市场和社会组织服务青年的总体供给机制,找准共青团的工作切入点,实施工作项目,把服务青年的工作进一步做深做实。要重点服务迫切需求,优先服务困难群众,努力增强服务能力。要代表和维护好青少年的合法权益就要代表和维护好青少年的具体利益,要深入实施青少年维权工程,继续坚持法制化、规范化。切实代表青少年利益。要深入青少年,倾听呼声,了解意愿,把握青少年较为普遍的利益诉求。及时反映青少年关注的问题和要求,向社会发布青少年发展状况,针对涉及青少年利益的重大问题发表意见,积极参与和推动有关法规、政策的制定和落实。要建立依靠各级青年人大代表和青年政协委员发挥作用、维护青少年合法权益的有效方式,努力使青少年的利益在社会总体利益格局中得到充分的尊重和体现。依法维护青少年权益。要依照法律法规和团的章程,以未成年人为重点,切实维护好青少年的合法权益。

三十、团支部识人用人的方法

团支部作为团的基层组织,是团组织联系青年最直接的部门,对青年具有鲜明、生动而强大的影响力,在青年人才的培养和选拔中也起着十分重要的作用,支部委员除了要坚持组织纪律,按规定办事外,也要懂得识人认人的艺术。团支部选拔人才要不拘一格,尤其是在共青团干部的选拔使用上,坚持"高进、培育、优出",将"搭建平台培养,利用高台输送"确定为共青团人才发展的基本框架,立足于"识人""用人"两个方面。

团支部要识人,前提是要有一个识别人才的"慧眼",在识别人才的工作中团干部是有其独特的方法。共青团在评选优秀团员(青年)、评选青年岗位能手等活动过程就是对青年进行识别,团支部识人的方法就蕴含在这些活动当中。团支部在评选中会运用民主投票、组织推荐、业绩评比、操作比武、述职打分等多种形式,并不断根据具体情况和新时代青年的特点改进识别人才的办法。青年人要保留思想,勇于尝试和探索人才识别的先进方法也是共青团在识人的重要艺术特征。

然而青年人才开发的关键在于"用"字,在于如何用好人,真正创造一个有利于人才脱颖而出和人尽其才的机制和环境。团支部在这个"用"字上下功夫,应该下在创造体制外的机会上,也就是说共青团人才开发中的着力点应放在为青年提供实践机会和建功平台上,通过共青团的努力使青年员工有更多的机会展示才华、建功立业、锻炼成长。这既是共青团开发青年人力资源的应有的义务,也是共青团开发青年人力资源的自身优势和艺术所在。

要用好人才,就必须"知人善用"。一个人不可能具备种种才能,胜任一切岗位,某一特定人才总有最适合于他的位子。这就需要团支部在"知人"的基础上,对人才的使用上给予恰当安排,形成人员配置的最佳组合机构,达成最佳组合。"人尽其才,物尽其用",要对人才有合理分配和调度,面对复杂化的环境,团支部只有广泛地汇集各方面的人才才能做到这一点。这即与团支部的人才管理制度有关,也和团支部委员和书记的用人艺术有关。

团支部培养和选择典型的方法,要把握以下几点:(1)选择典型的目的要明确。要能通过典型示范解决青年在工作和成长中所面临的现实问题。(2)选择的典型要具有代表性。要能够反映青年工作某一方面、青年成长规律某一特点的发展趋势。(3)选择的典型要有群众性。它并非高、大、全,而应当来自青年,植根于青年,为青年所信赖,所接受。

同时要加强对典型的引导和培养,才能使典型发挥其应有的示范与教育作用。(1)应在实践中培养典型。团支部应立足于本单位生产、工作和团的活动的实践来培养典型,引导他们发挥模范和带头作用。不要刻意为典型创造特殊环境、提供特殊条件,这种外在的附加条件越多,典型推广的实际意义就越小。(2)对典型要加强管理。要像爱护新生的幼苗一样,既要浇水培土,支持和保护典型,又要修枝打杈,严格要求,帮助其克服不足。只有这样,典型才具有强大的生命力和示范导向的作用。

三十一、团支部激励工作的方法

1. 注意建立健全团员考评激励制度

要建立团员考评激励制度。首先要根据各地域、各行业、各单位之间的不同,建立起便于操作,体现特色、公正、公开的考评目标体系,既有针对性,又有层次性,要通过考评激励,引发团员的竞争意识,在各自岗位上发挥先锋模范作用。

2. 注意灵活运用各种激励方法

团总支一般通过组织鼓励、荣誉激励、适当奖励的方式,对考评优秀的团员进行激励,促使团员进一步发挥模范带头作用。(1)组织鼓励,要求各级团组织主要负责人在一段时间内，与近期表现优秀的团员进行谈话，代表团组织对其进行鼓励；（2）荣誉激励是指对表现优秀的团员，通过合理晋升职务或者授予团内荣誉称号进行精神鼓励；（3）适当奖励是指在一定范围内进行合理的物质奖励。在运用激励方法时要注意灵活性，可以根据实际情况确定一种激励方式，也可以把多种激励方式结合起来综合运用。

三十二、团支部动员工作的方法

1. 注意制造动员的气氛

在召开动员大会之前要搞好宣传工作，制造动员工作的良好气氛，为动员工作做好铺垫。让广大与会人员明确将要举行的活动的重要意义、主要任务、政策要求、具体目标、工作思路等。大会组织者要充分运用各种宣传手段，加大宣传力度，提高宣传质量，营造良好氛围。

2. 把握深入调查、精心准备的艺术

开展动员工作前要深入细致地调查团员的现状，精心地进行准备工作，这样在开展动员工作时才能有的放矢，提高针对性，同时保证动员工作的连贯性和实效性，从而达到预期的效果。

3. 做好动员工作要注意语言艺术

语言具有激励和动员的作用，团干部在做动员工作时要讲究语言艺术，用慷慨激昂的情绪带动大家，用坚定的语句引导大家，用抑扬顿挫的语调激励大家，从而真正起到动员的作用。

三十三、团支部的基本工作方法

团支部的基本工作方法主要有以下几点：

1. 围绕基层党支部工作要求，搞好"党团"共建工作。共青团是党领导的青年群众组织，基层团支部开展各项工作应在基层党支部的指导下展开。团支部的工作与党支部的中心工作目标同向，运行同步，做到"党有号召，团有行动"，达到拾遗补阙，锦上添花的目的。只有这样才能真正达到"党团"共建，两全其美。

2. 抓好青年团员的思想工作。青年团员思想活跃，不管是好的事物还是坏的事物，都比较容易接受。我们团组织要引导青年团员走出"利益高于一切"的误区，引导他们树立正确的人生观、价值观、世界观。让他们懂得人生不仅仅是索取，还应有奉献。

3. 建立一个高素质的和谐团支部，使团的各项工作落到实处。一个有较强生命力的团支部，首先要选举一位积极主动的有较强组织能力和活动能力的书记，使他在整个支部工作中起到领导、协调和管理的作用；其次要对选举出来的支部成员进行合理分工，明确各自职责，使他们既能独立完成自己的分内工作，又能相互协调配合；加强团干部的培训，通过各种培训形式，使他们提高理论和业务水平，成为团工作的行家，并能在团支部活动中起到模范带头作用。

4. 关心支部内的每一个团员，增强团支部的凝聚力和威信，保证团工作的顺利开展。团支部要经常倾听团员的意见和建议，了解他们的思想状况，力所能及地解决团员学习和生活中困难；要积极公正地有计划地培养新团员，根据团章，对团员进行必要的管理和教育，过好每一天团的组织活动，提高团的战斗力。

5. 开展生动活泼的活动，达到寓教于活动的目的。围绕党和团的工作中心，结合本支部的实际，开展丰富多彩的活动。在组织活动中，支部要注意活动本身应符合青年特点，集知识性、趣味性、教育性和专业性于一体；开展活动时，要进行充分的准备，严密的组织，力求活动能实现预期的教育目标。

6. 健全一套可行的制度，为支部工作提供必要保证。团支部要健全团干部的责任制度、团支部的工作制度、团支部的学习制度、团支部的组织生活制度、团员管理和教育制度、团员奖罚制度和民主选举制度等，使这些制度不仅切实可行，而且成为支部成员共同遵循的行动准则。

7. 营造积极向上的气氛，优化支部工作的良好环境。支部工作的成功与否，在很大程度上取决于支部环境的好坏。支部要通过团员的模范带头作用，形成团员对团支部的信服和向往；要经常开展评优和创佳活动，造成"见优思齐"的风气，激发团员积极进取的热情。

三十四、团支部大会接收团员的方法

1. 组织委员报告到会情况。清点人数，超过支部半数有表决权团员出席方有效。

2. 团支部书记主持支部大会。全体起立奏团歌，宣布被发展人名单，报告审查情况。

3. 申请人宣读《入团志愿书》，汇报个人简历、家庭情况和对团的认识、入团动机以及需向团组织说明的问题。

4. 入团介绍人介绍申请人有关情况，并对其能否入团发表意见。

5. 与会团员发表意见并进行表决。围绕申请人是否具备入团条件进行讨论，并采取无记名投票方式进行表决。赞成票超过与会人员半数方能通过接收新团员的决议，因故不能到会的有表决权的团员，在支部大会召开前正式向团支部提出书面意见的，应当统计在票数内。

6. 团支部书记宣读大会决议（决议草案）。

7. 申请人发表意见。

8. 团员提出希望。

9. 主持人宣布大会结果并结束会议。

10. 团支部填写支部大会决议。团支部讨论审查支部决议，并在志愿书上予以批复。填写时应注明应到和实到的团员数、表决情况及通过日期，并签上团支部负责人姓名（盖章）。

三十五、团支部处理好上下级关系的方法

团支部的上下级关系主要包括：共青团的上级组织，团委和团总支等；团支部与党政机关的关系；团支部内部团支部书记、团支部副书记、支部委员和支部内的团员青年之间的关系。

上下级关系，也就是领导与被领导的关系。处理好上下级关系，有利于团结稳定，端正团风，提高工作效率，促进工作的整体发展。团支部要以团组织的大局为重，能协调上下级关系，发挥出基层组织的团结精神和战斗力，能调动团员的工作热情和积极性，出色圆满地完成上级团组织交代的任务。团支部的上下级组织之间，为了共同做好共青团工作，必须建立起符合组织原则的融洽和谐关系，上下级各自所处的位置不同，思考问题的角度不同，如果长期缺乏交流、沟通，往往使矛盾和隔阂越积越深。日积月累，就会产生关系紧张等问题，要保证上下级之间有效沟通制度化。

1. 上级团干部的注意事项

在工作生活方面，只有职位上的差异，人格上却都是平等的。在下属面前，只是一个领头带班而已，没有什么了不得的荣耀和得意之处。帮助下属，其实是帮助自己，因为下级的积极性发挥得越好，工作就会完成得越出色，也让你自己获得了更多的尊重，树立了开明的形象。而聆听更能体味到下属

第一章 共青团工作方法

的心境和了解工作中的情况，为准确反馈信息、调整管理方式提供了翔实的依据。在具体工作中团支部的干部在处理对待下级的关系中要注意以下四个方面：

（1）上级对下级的公平、公正特别重要，否则会委屈了下级，打击下级的工作积极性和进取心。上级必须有一个公正的心态，时刻提醒自己不能对属下有偏见或偏袒的心理，树立制度面前人人平等的思想，一切按制度办事，避免个人主观臆断和加强沟通说服工作。

（2）领导者要和下级和睦相处，取得了解与信任，赢得领导威信。不要以"领导者"自居，要放下架子，以平等友好坦诚直率的态度与下级相处。要关心下级，经常了解下级的生活情况、思想情绪、工作中的困难，竭力帮助下级解决实际工作中的困难，消除思想上的烦恼。

（3）对下级要一视同仁，不能有亲有疏，处理问题要"一碗水端平"。要尊重他们的劳动，爱护他们的积极性、创造性。要善于宽容、谅解下级，如果下级在态度、言行上对领导有所冒犯，不必挂在心上，要主动表示谅解，消除对方心理压力和紧张情绪。

（4）上级应不失时机地激励下级，不懂得激励下属也是造成上下级关系紧张的重要原因之一。选择适当的时机，给予下属适当的激励，是管理中必不可少的内容。每当取得成绩时，公开表扬、道贺或当面感谢，鼓励大家参与团的决策和管理，称赞其建议，帮助解决工作中存在的困难，有时适当地批评也是激励，但批评后要把握好下属心态，做好安抚工作，上下级应经常相互沟通，建立信任。

2. 下级要注意的事项

下级要多思考如何在工作上创新，有开拓进取精神，善于总结，在工作中摸索规律，不能只当"传达员"，青年同志要保持思想的先进性，敢想敢做敢为，不怕失败。对上级领导布置的工作认真落实，有不同的意见与领导沟通和交流，处理好上下级关系。身为下属，应当尊敬上级，这不仅是由于传统文化所影响，也是共青团的组织纪律所要求的。因此，无论上级是正确的还是错误的，都要从态度上坚持对他的尊重，如果他的做法有不妥之处，我们应该用一种巧妙的方式来提醒他，使他能够接受，不偏激也不完全顺从。下级作为被领导者，要维护领导的威信，遵守组织原则，服从分配，积极工作。要体谅领导的难处，设身处地为领导分忧，满腔热情地帮助领导，补台而不拆台。领导工作出现差错时，要提出善意的批评和建议。领导和群众有矛盾时,应从中做些协调解释工作。与领导发生矛盾分歧时,要宽宏大度和气坦率地向领导讲明自己的观点和态度,不要针锋相对,大吵大闹,激化矛盾。

3. 要处理好与其他支委的关系

团支部实行的是集体领导,应遵循民主集中制组织原则。平时讨论工作应听取其他支委的意见,遇有重大问题,应采取少数服从多数的原则,做出决定,才能发挥集体领导作用。

4. 要处理好与上级团组织的关系

团支部和上级团组织是领导和被领导的关系。共青团的各级组织在接受同级党组织的领导时,要服从上级团组织的领导。因此,团的上下级组织之间,为了共同做好共青团工作,必须建立起符合组织原则的融洽和谐的关系,这样才有利提高团支部工作水平,有利于团支部书记的成长,有利于团结、带领团员青年完成党交给的任务。

5. 要处理好与直接领导的关系

团支部要在团总支的直接领导下开展工作,这一点非常明确。所以平时要主动多请示、汇报工作,反映情况,提出建议,积极主动地争取团总支领导的支持,并用自己出色的工作成效取得团总支领导的信任,才能得到更多的支持,工作才会更得心应手。

6. 要处理好本支部范围的团员青年之间的关系

在团支部工作中应时刻想着为群众服务,强化群众观念,无论是团支部书记还是团支部委员,都不能脱离群众、高高在上,听不进大家的意见,否则,支部工作很难开展,而且会留下负面影响。

三十六、社区团支部工作的方法

在社区团支部建设的实际工作中,以"尊重服务青年人合理利益,满足青年兴趣"为主要途径,着眼于青年学习、就业、文化、维权等各方面的迫切需求,完善网络,搭建载体,整合资源,打造品牌,不断提高团支部的服务能力,以服务凝聚青年,吸引青年。

1. 完善网络,奠定服务青年的基础

青年是朝气蓬勃、锐意进取的一代,凝聚青年首先要激发青年的热情和活力。工作中团支部应从保障团员的民主权利出发,积极推进团务公开,经

第一章 共青团工作方法

常听取团员青年对支部工作和社区建设的意见建议。在了解到团员青年希望团支部结合实际拓宽服务内容的要求后，认真分析研究，决定通过搭建服务平台，完善服务网络，把服务大局、服务社会、服务青年有效地结合起来。充分利用和开发各种资源，争取建立社区青少年维权服务中心、社区志愿服务联络站、社区青年就业指导中心、社区外来务工青年培训基地等平台，通过开展技能培训、文体活动、法制教育、维权服务等工作，把社区青年凝聚在团组织周围，调动他们的积极性，引导他们主动投身到和谐社区的建设大局中来，既响应了党和政府的号召，又使社区青年在实际工作和活动中得到了锤炼。这样才能形成以社区支部为中心，各种青年组织为主体，社区青年共同参与，覆盖整个社区的青年工作网络，为青年成才、创业、发展铺设桥梁，搭建舞台，创造机遇。

2. 搭建载体，丰富服务青年的途径

凝聚青年要以有效的载体作为依托，社区团支部应积极与社区单位合作，争取在社区中建立社区法制宣传广场、社区青少年心理咨询中心、社区青少年革命传统教育基地、社区青少年健身基地等一批活动载体；建立社区青少年电子阅览室、青少年图书室、青少年多媒体教室等社区青少年教育活动场所。社区团支部依托这些载体，定期组织开展各具特色的活动，拉近了与团员青年的距离，实现了对团员青年的有效覆盖，把青年紧紧地凝聚在基层，凝聚在党、团组织的周围。

3. 整合资源，创新服务青年的方式

社区团支部工作条件有限，但服务青年任务繁重，这就要求积极探寻利用社区资源的新路子。社区团支部应本着"资源共享、优势互补"的原则，与各种非营利组织和公益组织开展各种联合共建活动，搞好团务联建、活动联办、组织联议、品牌活动联创、青年培养联手等活动，这些活动，可以弥补社区资源的不足，在社区志愿服务行动中发挥巨大作用。

4. 打造品牌，突出服务青年的重点

维护青少年合法权益、预防青少年违法犯罪是社区团支部长期以来的重点工作之一。工作人员还应不定期地与青少年犯谈心，了解他们的思想动态和生活情况，帮助他们重新恢复自由回归社会。

5. 建立健全指导性强的制度，使社区团建走上健康发展的轨道

团支部应积极与上级团委沟通，使其了解基层团组织的青年，争取让团委联合相关部门，对基层团组织设置、团的管理制度以及团干部的政治待遇等做出明确规定，形成具体措施，为社区团组织的工作创造条件，使"党建带团建"真正落到实处。同时，加大对基层团干部的考核力度和梯队培养工作，确保团的工作保持快速发展和持续发展。

6. 采取有效措施扩大基层团组织工作覆盖面

哪里有青年，哪里就有团的工作；哪里有团员，哪里就有健全的团组织，这是新时代团的组织建设的一项基本要求。基层团组织要在前期工作基础上不断完善，努力消除社区团建管理上的"空白点"，努力创新社区团建工作内容和活动方式。

7. 针对社区青年需求加大服务力度

社区共青团工作的当务之急应把服务青年快速就业作为切入点，加大对青年就业技能的培训，鼓励青年自主创业，同时与工会、工商联、劳动保障等部门联手向用工单位进行推荐招聘，减少社会闲散青年数量，减轻政府的就业压力；积极做好外来打工青年闲暇时间的服务工作，通过协调开放部分公共文体娱乐或学习场所，使他们业余时间有地方去、有地方玩、有地方学，减少在社会上游荡的时间，同时做好青年维权工作，确保社会的稳定。做到这两点才能树立起团组织形象，使他们认为团组织是自己的靠山，愿意接受团组织的管理，真正为政府分忧。

三十七、班级团支部工作的方法

（一）了解班级团支部的特点

班级团支部不同于其他行业的基层团支部，它有自身的显著特点，做好班级团支部的工作必须先了解班级团支部的特点，这样来开展工作才能做到有的放矢。

1. 从团员的素质来看。学校团员青年的文化程度相对较高，思想活跃，勇于探索，容易接受新事物，立志报效祖国。他们自信、自尊、自强，但也表现出一些浮躁和盲动，抱有各种理想和幻想，情绪容易激动，意志、性格处在形成过程中，可塑性较大，逻辑思维能力还在发展中，对社会、对人生的看法还不成熟，容易偏激和气馁。同时面临学业上的压力，他们比较注重科学文化知识的学习，而系统地接受团的基本知识教育不够，对共青团的性质、任务和团员的义务、权利不甚明了，组织纪律观念不强。班级团支部的

第一章 共青团工作方法

战斗力强弱不仅取决于团员人数的多少，更取决于团员思想政治素质的高低。为了提高团支部的战斗力，发挥先进青年核心组织的作用，团员的思想政治素质都需要不断提高。

2. 从团员所处的环境来看。从入学的那天起，全班团员、青年就如同兄弟姐妹，成才报国的共同目标像磁石一样吸引着大家在一起学习、生活和娱乐。这种朝夕相处的环境，促进了团员、青年彼此了解，相互关心，集体观念在同学心中日益清晰，有助于班级团支部凝聚力和向心力的形成。

3. 从团支部所处的环境来看。班级中有班委会、团支部，这两个组织共存于一个班级，从相互关系上看，团支部是先进青年的核心组织，班委会是全班学生的指挥部，它们虽目标一致但各自工作角度不同，必然有所分工，有各自的工作内容和方法。团支部与班委会在关系协调上，应处理好先进性与群众性、整体性与独立性的关系。

4. 从团干的素质和任务来看。团干是学生又是学生干部，既要搞好自身的文化学习，又要担任一定的社会工作。他们除了与一般团员有着相同的素质要求之外，还需要掌握团的工作理论和工作方法。

（二）班级团支部要注意处理好的关系

1. 正确对待政治进步和学习进步的关系

学生团员既是学生又是团员，具有双重身份，所以团员青年既要搞好自身的文化学习，又要追求政治上的进步。团支部要积极引导学生团员认识到二者不是矛盾的而是有机统一体，只有各方面发展的团员才是一名合格的团员，同时在实践上要把二者有机结合起来，在安排活动、开展工作时尽量不让二者冲突，在引导同学们追求政治进步的同时，也鼓励同学们追求学习进步，并把学习成绩和学习态度作为团员先进性考核的一项重要指标，从而推动二者的共同进步。

2. 正确处理理论学习与实践学习的关系

团支部在对团员、青年进行教育和培养过程中，不仅要从理论上加强团员意识教育，提高团员、青年的理论修养，同时要注重开展各种生动活泼的活动，使团员、青年在学习生活中参与到实践中来，将起作用、受教育、长才干结合起来，成为有理想、有道德、有文化、有纪律的全面人才。活动的形式应注意丰富多样性，使团支部开展的活动既能体现传统经验、时代特点，又有自身特色，注意解决团员、青年在思想、生活和学生上面临的问题，使他们积极参加活动，从而有效地落实和完成学校团委的任务，同时也使团员、青年在活动中受到教育。

3. 正确处理与班主任的关系

班级团支部是在班主任的领导下开展工作的，开展活动时要主动请示汇报，以免和班主任的安排相冲突，同时要经常听取班主任的建议，接受班主任的教育，配合班主任开展各项工作，协助班主任开展办理的活动、督促同学们努力学习，追究进步。

4. 正确处理与同学的关系

班级团支部的成员在班级中既是团的干部也是普通的学生，所以要正确处理与同学们的关系。一方面要以团干部身份来要求自己，在学习和工作中都要追求进步，起到模范带头作用。另一方面也要认识到自己不过是学生中的普通一员，不能以干部自居，骄傲自大，要求特权，应该保持谦虚谨慎的作风，把团干部的身份看成是自己服务青年的契机，把服务同学看成是自己的共青团赋予自己的光荣使命。

三十八、做好团支部干部考核工作的方法

团干部考核就是团组织对于团干部的历史和现状进行全面了解和公正评价，为团干部的选拔、使用和奖惩提供依据，是团干部管理的基础工作。对团支部干部的考核通常是，就一定时期内对团支部的工作实绩和现实思想表现进行考察核实，一般应半年或一年考核一次，由上级团组织和党组织共同组织考核工作，从德、能、勤、绩四个方面进行考核：

1. 德：贯彻执行党的路线方针政策，坚持原则，勇于同不正之风做斗争，能够深入实际、联系群众，热心为团员青年服务，积极维护青年的合法权益，作风正派、实事求是。

2. 能：能够积极主动地组织开展团的活动，有独立工作的水平和能力，熟悉团的业务，有一定的文字写作、口头表达能力，善于配合和协调工作。

3. 勤：能够积极、主动、有计划、有安排地开展工作，熟悉团支部的情况，能够按期完成工作任务，具有全局观念，勇于承担工作任务。

4. 绩：是否有较高的工作数量、质量及效率，较好的理论和知识的学习成绩，工作效果如何等工作成绩。

考核一般采用定性考核和定量考核相结合的办法进行：

第一，定性考核是对被考核者素质和工作绩效的质的方面的考察核实。

一般采取个别谈话、小型座谈会等方式由被考核者所在党组织和团支部的团员青年介绍被考核者的德、才表现和主要优缺点，最后给予被考核者基本的、客观的评价。

第二，定量考核是对被考核者的素质和工作绩效进行测评，并对测评所得的数据进行整理和分析，从量的方面把握干部的德才情况。定量考核是为了从量的分析中去把握质，为了使考核准确，定量考核得到的情况要同定性考核得到的情况综合分析，从质的规定上看量，从量的多少把握质，全面地反映被考核者的基本情况。

考核之后，要做出考核鉴定和提出相应的意见，把被考核者的思想、工作、能力、作风的主流反映出来，做出客观的评价。另外，要将考核结果通过适当的方式反馈给被考核者及其所在的党团组织，使党团组织掌握被考核人的情况，也使被考核人了解考核的评价意见，以便发扬长处，克服不足，在团干部岗位上更好地发挥聪明才智，进步成长。

第三节　队伍建设

三十九、团干部做好调查研究的方法

重视调查研究是我们党的优良传统，也是党的一项基本工作方法和制度，更是共青团工作的谋事之基、立足之本。团的领导机关和广大团干部一定要高度重视调查研究工作，把它列入重要议事日程，坚持常抓不懈，自觉带头实践，务求取得实效。

为了进一步了解当前青年和共青团工作的基本情况，研究共青团工作和建设中面临的新情况、新问题，着眼长远，总结经验，探索规律，更好地贯彻落实党的要求，履行好共青团的基本职能，推动共青团工作思路、工作方式和自身建设的创新，推动共青团事业实现新发展，共青团干部应该加强调查研究工作方法的培养与运用。

人们常说："不吃透上头，工作没准头；不吃透下头，工作没势头。"其寓意是既要吃透上级的指示精神，又要真正深入到基层，掌握大量真实材料，及时摸清基层的最新动向，准确把握青年的思想脉搏；还要找准上级指示和实际工作的切入点，从青年感情的兴奋点、思想的困惑点、利益的需求点上思考问题，做好工作，努力达到创新理论和现实问题的有机统一，上级指示

和工作部署的有机统一，思想动机和工作效果的有机统一。所以我们说，调查研究是各级团干部和青年工作者的基本功，它贯穿工作的每一个步骤和环节。因为，洞悉青少年情况，需要调研；探求事实真相，需要调研；实现科学决策，更需要调研。可以说，少了调研，话，说得没底气；事，做得不到位；问题，解决得不彻底。

团的岗位，是学习的岗位，作为一名团干部，善不善于调研，既是能力问题，也是态度问题，更是作风问题。如果脑中没有"神"，心里没有"底"，手上没有"法"，脚下没有"力"，想真抓也抓不了，想实干也干不好。大力倡导在共青团战线调研之风，通过调查研究，使团干部提高勤学善研的认知能力，提高深谋远虑的策划能力，提高突重破难的推进能力，提高见微知著的校正能力。

调查研究贵在深入。一竿子插到底，亲赴第一线、最前沿，才能找到"真金"。到厂矿，进车间班组，身上带点油灰味；去农村，进农家小院、到田间地头，身上沾些泥土味；进学校，与青年学生交朋友，促膝交谈，多尝尝学生食堂的饭菜味。说一些青年乐意听、听得懂的话，减少怨气、增加和气；做一些青年盼望做、得实惠的事，消解阻力、形成合力。调研的过程，就是虚心向广大青年学习、请教的过程，要多问计于青年，求教于青年，集中青年的智慧，就能够学在深处，谋在新处，干在实处。遇到问题与困难，紧紧依靠青年，深入研究思考，一定会找到解决问题的办法和良策。

调查研究确实很辛苦，但又是最实际、最快、最好的方法。它不仅是科学决策的重要基础，也是推动工作的有力手段，更是转变作风的具体体现。团组织和团干部、青年工作者应进一步提高对新形势下调查研究工作的认识，以马克思列宁主义、毛泽东思想、邓小平理论、"三个代表"重要思想、科学发展观、习近平新时代中国特色社会主义思想为指导，紧密结合共青团工作实际和青少年特点，深入开展调查研究，切实提高调研水平，努力推出更好更多的调研成果，有力推动共青团事业和青年工作实现新发展。

团干部要十分注重向实践学习、向青年学习，注重在干中学、在学中干。提高团干部调查研究的本领，了解真实的情况，总结工作中的经验，使我们的工作和决策建立在深入扎实的调查研究之上，更加贴近实际、贴近青年。

团干部要做好调查研究工作，首先需要掌握第一手资料，努力把当前青年和共青团工作的基本情况搞清楚；要针对问题，紧密结合经济社会发展和青年成长的实际，了解、把握团的工作中面临的新情况、新问题；要深入基

第一章 共青团工作方法

层团组织，到农村乡镇、企业车间、城市社区中去，深入青年，和青年交朋友，了解青年的真实想法，发现和总结基层行之有效的好做法、好经验；要掌握方法，制订切实的调查方案，运用科学的调查研究方法，使调研工作取得扎实的成效；要严格要求自己，沉下心来搞调查，切实体现团干部的良好作风。

共青团工作调查研究的基本过程

1. 确定调查研究的调研课题

调查研究课题的选取是调查的第一步，通常是根据当前青年和共青团组织的现实状况，找到一个相关主题，逐步细化，然后找到某个切入点，进而确定调查的主题。通常我们要考虑该调查主题是否具有意义，还有调查的可行性。

2. 做好理论准备和理论假设

调查研究要达到预期的效果，要有一定的理论支撑。理论准备主要包括根据与课题相关的理论选择适当的研究方法，了解相关的文献，掌握已有的研究成果，进而去对本课题进一步研究。

提出理论假设，根据调研客观情况，依据科学的推测提出理论假设，理论假设是具有描述性的或者是预测性的，理论假设的提出要根据调查对象的客观情况，符合客观事实。

3. 制订调研方案

调研人员根据所选的主题去选择如何检测自己理论假设的方法，以及调查对象的规模，建立调研的主要框架，设计调查问卷、调查提纲、制订抽样方案和调查计划等。

4. 实施调查计划

根据调查计划安排，招募并培训调查员，对调查人员进行分组，根据调查人员手册去指导调查员展开调查，在调查过程中要做好协调监督工作，保证调查的质量。

5. 对调查资料收集整理并进行分析处理

按照社会调查的方法，对相关数据进行统计，根据相关数据和访谈资料的整理，去分析我们所需要的资料，进而得出自己想要的结论。

6. 撰写调查报告

这是调研的最后阶段，也称之为总结阶段，将文献综述、调查分析数据、得到的结论以论文、专著等形式呈现出来，一篇完整的调研报告主要包括以下几方面：一是调研的主题及意义；二是已有研究成果的回顾及本次调研的创新之处；三是介绍本次调研的基本情况、调研的过程及资料来源；四是介绍相关资料分析的方法及数据的统计结果；五是对统计的结果进行分析，并系统阐述研究的成果，提过相关的对策及建议。在撰写报告的时候要注意做到表达清晰、用语规范、合乎逻辑等。

四十、团干部做到政治上要清醒的方法

作为党的助手和后备军，共青团组织的性质决定了共青团的干部必须保持鲜明的政治性，与党的步调保持一致，时刻保持政治上的清醒。这不仅直接影响各级团干部是否能够很好地保持先进性、履行岗位职责，更是团干部经受各种考验的可靠保证。在共青团干部的各项要求中处于核心与引导地位。政治上的清醒要求共青团干部做到以下几点：

1. 时刻站稳政治立场，把握正确的政治方向

共青团团干部在政治上一定要坚强过硬，要坚定不移地坚持社会主义方向不动摇；坚决执行党的路线、方针、政策；始终和党站在同一阵线，保持一致的步调。作为一名共青团团干部应清楚地认识到共青团作为党的助手与后备军的政治性质；认识到党在中国特色社会主义发展道路上的先进性；认识到我们党目前的一系列方针政策是根据我国改革开放的实践经验与现实情况所制定的，符合我国社会发展的规律与绝大多数人民的利益，是每个共青团干部开展工作、处理事情的行为准则。共青团干部在任何时候、任何情况下，都要站稳政治立场、把握正确的政治方向，善于从讲政治的高度，用政治的眼光去观察、分析、认识和处理问题，始终保持清醒的政治头脑和坚定的政治立场。

2. 提高理论水平，培养理论素养

理论素养是共青团干部素质的基础和灵魂。共青团干部必须灵活掌握中国特色社会主义理论体系，掌握马克思列宁主义、毛泽东思想、邓小平理论、"三个代表"重要思想、科学发展观、习近平新时代中国特色社会主义思想的原理与精髓。用科学的理论武装我们的头脑，不仅需要熟悉党的路线、方针、政治，对党的工作的目标、方向、基本的精神有较为深刻的理解，还需要共青团干部联系历史经验与现代化建设经验，并结合实际情况，将理论灵活地运用到工作中，掌握理论的活的灵魂，把握理论的本质与规律。只有这样，共青团干部才能围绕党的中心工作创造性地开展团的各项活动。除此之外，

第一章 共青团工作方法

共青团干部在理论学习的过程中不仅需要走进来,更需要走出去,走下去,多与青年群体沟通交流,将自己的所见所闻融合到理论学习的过程中。

政治上的清醒和坚强是基层共青团干部应具备的首要素质,也是团干部经受各种考验的可靠保证。共青团干部必须时刻保持较高的政治觉悟、政治品质、政治理论水平、政策水平,善于运用正确的思想方法和工作方法,妥善处理各种错综复杂的矛盾,用党的要求去帮助、引导广大青年。

四十一、团干部做到作风扎实的方法

作风是指在思想、工作和生活等方面表现出来的比较稳定的态度或行为风格,团干部的作风是否扎实、端正,直接关系到共青团职能的实现与发挥,关系到共青团工作是否能够开展,也关系到团干部自身的成长进步。共青团干部作风扎实,就是要求团干部做到以下几个方面:

1. 思想作风端正。思想作风是指共青团干部在思想和意识形态表现中思想风格。如实事求是、依靠群众、脚踏实地,等等。基层共青团干部应当端正思想作风,紧密团结在党的周围,脚踏实地,真抓实干。一方面,由于基层团干部整体比较年轻,团干具有蓬勃的朝气和昂扬的锐气。但是也在思想上存在一些不可避免的问题——心浮气躁、好高骛远、急功近利等。另外,由于基层团组织建设的不完全,基层团干的兼职性质等,基层团干部的流动性大、更替频繁,导致部分团干部在思想上不重视,缺乏责任心。因此,基层团干部必须端正思想作风,以正确的世界观指导思想与工作。

2. 工作作风踏实。工作作风是指基层共青团干部在工作中所表现的比较稳定的做派和风格。如稳健平实、严谨细致等。共青团干部应发扬艰苦奋斗、勇于拼搏的扎实工作作风,身体力行抓落实,不图虚名,不搞形式主义,一步一个脚印,实实在在地维护青年的利益。共青团干部必须把竭诚服务青年作为全部工作的出发点和落脚点。团干部要始终心里装着青年,对青年充满感情,凡是青年关心的事,再小也是大,凡是青年的需要,再缓也是急。要密切联系青年,做青年的知心朋友,与青年打成一片。广泛结交朋友,把握青年的思想脉搏,了解他们的所思所想、所需所求,满腔热忱地为青年服务。只有养成这种求真务实的工作作风,团的事业才会有希望,团干部自身也才能有好的发展。

3. 生活作风严谨。生活作风是指共青团干部在生活中所表现的比较稳定的做派和风格。作为青年先进性的代表,共青团干部应当保持严谨的生活作

风，洁身自好，为广大青年群体做好表率。

四十二、团干部做到品德高尚的方法

共青团干部的品德是否高尚，是否具有较高的道德素质关系着共青团的本质与先进性的体现，关系着共青团职能的发挥。另外，团干部是青年中的优秀分子，是团组织自身建设的主体力量，也是青少年的榜样与服务者，而青年是最具可塑性的群体，团干部的一言一行都会给他们带来影响，团干部的道德状况会直接影响到青年群体的道德水平。团干部如果具有高尚的道德品德不仅能够提升自身的道德境界，抵御腐朽思想的诱惑，更好地接受新的考验，还能够增强领导的感召能力，凝聚青年，促进青年的精神文明建设。反之，如果其道德品质不好，人格低下就会丧失对青年群体的亲和力，不利于工作的顺利开展。品德高尚包括以下几个方面的内容：

1. 思想品德高尚。思想品德是道德在思想意识中的伦理表现，是共青团干部在一定的思想的指导下，在品德行为中表现出来的较为稳定的心理特点、思想倾向和行为习惯的总和。它与一定的经济活动、政治活动、道德风尚及风俗习惯相联系。思想品德是意识行为方面的，也是政治道德方面的。高尚思想品德的基本要素包含团干部正确的道德认识、崇高的道德情感、坚定的道德意志和恰当的道德行为。

2. 社会道德高尚。社会道德是团干部的品德在社会生活中的伦理表现，是团干部在社会交往和公共生活中应该遵循的行为准则，涵盖了人与人、人与社会、人与自然之间的关系。在现代社会，公共生活领域不断扩大，人们相互交往日益频繁，团干部具有较高的社会道德，在维护公众利益、公共秩序，保持社会稳定方面的作用能够更加突出，成为青年个人道德修养和社会文明程度的重要表率。

3. 职业道德高尚。职业道德是同人们的职业活动紧密联系的符合职业特点所要求的道德准则、道德情操与道德品质的总和，它既是对本职人员在职业活动中行为的要求，同时又是职业对社会所应负的道德责任与义务。共青团干部的职业道德是指共青团干部在职业生活中应遵循的基本道德素养，较高的职业道德是指共青团干部将教育青年、引导青年、服务青年作为自身的职业追求与职业目标，全心全意为青年谋利益。

第一章　共青团工作方法

四十三、团干部抓好工作落实的方法

共青团工作是党的工作的重要组成部分，各级团组织是各级党组织的有力助手，团员青年是党的后备军和突击队。共青团工作的重点在基层，基层团组织工作的好坏关键在基层团干部，而如何提高基层团干部的自身素质和工作能力又关系到共青团和青年工作的开展和提高。提高基层团干部的工作能力重在抓好工作落实、重在加大自身影响力、重在培养应有的素质。

基层共青团是落实共青团工作的路线、方针、政策的"前沿阵地"，基层团组织最主要的、基本的任务和职责就是抓落实，也就是说，相对上级各级团委而言，基层团组织是执行者，因此基层团干部必须具备抓落实的素质，练就抓落实的基本功，这对于服务于党政工作大局，保证上级下达的各项工作指标任务的圆满完成，具有十分重要的意义。

1. 抓落实的基本要求

抓落实的基本要求有三个方面：一是要吃透上情，即吃透上级文件精神，明确计划目标的内容、要求，这是抓落实的前提；二是要摸透下情，即落实各项任务的客观环境，内部外部条件以及接受对象的承受能力并分析论证，这是抓落实的基础；三是要在吃透上情，摸透下情的基础上，做好与本单位、本地区的结合，即研究制定可行性措施，组织有关人员，进行合理分工，落实责任制，使其协调高效地运转，完成既定的目标，这是抓落实的关键。

2. 抓落实的主要环节

（1）出好主意。基层团干部的责任在于出主意，调动团员积极性。作为一名基层团干部，在明确了要承担完成的工作目标任务后，要理清工作思路，制定可行性措施，使部属有一个明确的工作方向，并有一套易于启动和操作的过程，这是抓落实的根本。

（2）发动团员。如何最大限度地调动、发挥和保护团员的主观能动性、创造性、工作积极性，实现抓落实过程中的高效和谐地运转，达到实现既定目标的最佳工作效果，用好人员是关键，这也是基层团干部抓落实中应具备的基本能力。一是扬长避短，合理使用。用人贵在"才取其长，用当所宜"。只有扬长避短，科学安排，合理使用，使每个团员的特长都能最大限度地发挥出来，才能调动起下属的积极性，使其干起工作来得心应手，易于开拓。二是充分信任，放手使用。对所有团员一视同仁，公正对待，不搞小圈子，不搞厚此薄彼，不以个人好恶对待同志。在基层工作遇到困难和挫折时，既要给予支持和帮助，也要勇于承担责任，不能一推了之。三是善抓管理，科

学使用。对最基层团干部既用又管,科学使用,不能用而不管,要做好传、帮、带,真心实意地解决一些实际问题,使其在工作中得到锻炼和提高。

(3) 搞好协调。任何工作、任何事务都是处于普遍联系之中,绝不是孤立地进行,适时适度地搞好协调,形成合力,是抓落实过程中高效率地实现工作目标的支点。团干部的责任,一是化解矛盾,为工作顺利进行牵线搭桥铺平道路;二是把团员的工作积极性充分调动起来,形成上下合一的凝聚力。

(4) 抓好监督。监督离不开批评和帮助。对最基层团干工作中出现的问题,要及时指出,并帮其找准原因,对症纠正,不能不管不问。批评要从善意出发,帮助其总结经验教训,培养下属分析问题、解决问题的能力,而不是抱怨发难。

(5) 以点带面。以点带面,既是共青团的优良传统,更是一门重要的、必备的领导艺术和科学的工作方法。在现实工作中,基层团干部要注意发现和总结团员中的先进典型,用典型的经验指导、推动工作的开展。

3. 抓落实的基本途径

(1) 加强学习,提高自身素质。要搞好工作,胜任自己的角色,做一名称职的基层团干部,就要全面提高自身素质,有一套过硬的工作本领。首要的就是注重加强学习,学习可以武装头脑,固本强基。要养成自觉学习的习惯,学习理论,学习专业知识,不断充实完善自己,博学才能服人。

(2) 廉洁自律,注重自身形象。团干部权威的形成和使用,很重要的是靠非权力影响力和人格力量。要塑造一个良好的自我形象,形成大家认可的人格魅力,一是堂堂正正做人,站得直,行得端,这样才能赢得信任。二是踏踏实实做事,脚踏实地地工作,要不怕吃苦,不怕吃亏。三是要清清白白做官。只有公道正派、廉洁自律,团员青年才会信服你。

(3) 求真务实,勇于探索实践。求真务实,是讲正气的要求。好的风气既是抓出来的,更是带出来的,基层团干部能否带头实干,不仅是自身形象问题,更是重要的导向问题。我们工作在基层的团干部更要做实干家,身体力行,真抓实干,为团员青年做出表率。

四十四、团干部掌握语言艺术的方法

1. 团干部应掌握的语言艺术

语言表达能力是一个人为人处世、事业成功的最基本、最直接的能力之一,它包括书面语言和口头语言的表达能力。良好的语言表达能力是人际交往中最直接、最有效的手段。共青团岗位是一个接触人多、活动频繁、出头露面的岗位，团干部的口头语言表达能力尤为重要，应该使与团干部交谈的团员青年感受到力量，感受到对哲理的启迪和知识的充实以及美德享受。团干部的书面语言表达能力则应做到准确、新明、生动。语言表达能力是构成团干部工作效果各种因素中重要的"非权力因素"。

团干部宣传青年，组织青年，用政治理论和科学文化知识武装青年的工作，相当部分是靠语言表达能力得以体现的。在工作中不断锤炼自己的演讲技能、写作能力，是团干部的一项重要的学习任务。

团干部应该掌握以下语言艺术：

（1）主持会议语言艺术。主持会议，一般都有开头、主体、结尾三个部分。开头，开门见山，能使听者抓住要领。主体部分，阐明中心议题或讨论主题，能启发人思考。结尾，大都简洁有力，一般有总结式，突出中心；启迪式，发人深思；激励式，给人鼓舞。

（2）演讲的语言艺术。演讲是一门实践性很强的艺术。在日常生活中有多种多样的演讲，如茶话会、团拜会、晚会上的演说；有纪念日、节日、就职的演说；有祝词、欢迎词、欢送词等等。要演讲好，应把握以下几点：一是有针对性，演讲是针对一定的问题而发的，不能无的放矢，文不对题。二是观点鲜明，演讲的中心问题要清楚。三是结构严谨，演讲一般有开头、主体、结尾三个部分，应力求开门见山，重点突出，结尾有力。四是语言生动精练，还要戒掉口头禅。

（3）交谈的语言艺术。丰富的知识和生动的生活素材，才能使交谈情理交融，运用自如。交谈时，态度亲切热情，以诚待人，尊重别人，谦虚谨慎。语言生动形象，通俗易懂。

（4）书面表达的艺术。在熟悉公文写作格式的基础上把握语言的准确、简明、生动，材料丰富、说理充分，并注意不要有病句、错别字，把握逻辑性和层次性，从而让读者一目了然，没有歧义。

2. 团支部宣传工作中应掌握的语言艺术

（1）在组织团员和青年学习马列主义、毛泽东思想、邓小平理论、"三个代表"重要思想、科学发展观、习近平新时代中国特色社会主义思想，学习政治理论、时事政策、团的基础知识，开展各种知识、技能的学习活动中，宣传人员和宣传工作的用语要具有时代性和思想性，要用简明扼要的语言传递启迪青年的思想观念。

(2) 在团员青年中开展宣传鼓动工作,既要根据党组织的要求和团组织的决议,配合党的中心任务,又要符合团员青年的特点,语言上要做到清新、活泼,使团员青年易于理解和接受。

(3) 了解团内外青年的意见和要求,是对于一时办不到和不切实际的要求,在用语上要体现耐心和理解,耐心地做好说服解释工作。

(4) 在组织各种形式的教育活动,组织团课学习、办好墙报、板报的工作中,要注意用语的趣味性、思想性和生动性,从而吸引青年并对青年产生深远的影响,从而促进团员青年的思考和提高。

3. 团支部委员的语言艺术

团支部委员会一般设有3~5个委员,除书记外,还设有副书记、组织委员、宣传委员、文体委员等,组成一个领导集体。团支部的工作,支部书记要和支委们共同商量,重大事情要召开支委会,集体研究讨论再做出决定。实行集体领导,可以集思广益,集中大家的智慧和经验,做出切实可行的决定。同时,又能把支委们的积极性和主动性发挥出来,大家团结协作,共同做好工作。

实行集体领导不等于取消或削弱支委的个人作用,支部工作要有明确的分工,各项工作要有专人负责,但在工作的分配、沟通和协调等方面书记和各个委员都要注意把握语言的艺术,这样才能形成一个统一和谐的团支部委员会,最大限度上发挥团支部的作用,取得最佳的工作效果。

团支部书记要注意发挥每个支委的特长,允许他们在自己的职责范围内,创造性地开展工作,使他们的聪明才智得以充分施展。同时,还要做到用人所长,容人之短,不能求全责备,尤其是在语言上要亲切不能苛责。在坚持方向性、原则性的基础上还应注意灵活性,不能事事讲"原则",死搬教条,义正词严地批评和抨击,这样会使得支委和团员畏首畏尾,不敢发挥主动性、创造性,使支部工作缺乏应有的生机和活力。

在团支部的工作中支部书记要注意制造民主的氛围和较为轻松的交流环境,从而使各委员和团员敢于提意见、乐于提意见,同时各支部委员和团员也要善于提意见,尤其注意语言上的可接受性和友好性,这样才有利于意见的上达下放,有利于双方的交流互动。团支部副书记和各委员要支持书记的正确意见,支部书记是支委会一班人的"班长",主持全面工作,只要他的意见正确,副书记就应该全力支持;如果书记的意见有欠妥之处,副书记要及时提出自己的意见,但要注意在措辞和用语上维护书记的威信,因为副书记对书记的工作持什么态度,在支委会和团员青年中影响较大,同时要积极帮助书记重新考虑方案,更好地贯彻落实上级的决议。

四十五、团干部严格自律的方法

共青团团干部要严于律己,在不断地学习进步中加强实践锻炼,尤其是增强党性锻炼。要自重、自省、自警、自励,在改造客观世界的同时,努力改造自己的主观世界,不断提高自己的精神境界。要自觉地接受党、团组织和青年的监督,发扬艰苦奋斗精神,自觉拒腐防变,坚决反对消极腐败现象,做一个有益于国家、社会和人民事业的人。集中统一是共青团的力量所在,也是共青团辅助党实现经济社会发展、民族团结进步、国家长治久安的根本保证。各级团干部一定要自觉遵守团章,自觉按照团的组织原则和政治生活准则办事,任何人都不能凌驾于组织之上。这要求共青团干部做到以下三点:

第一,坚决维护中央权威,在思想上、政治上、行动上同党中央保持高度一致,坚决贯彻党的理论和路线方针政策,保证中央政令畅通,决不允许"上有政策、下有对策",决不允许有令不行、有禁不止。

第二,加强监督检查,严肃纪律特别是政治纪律,对违反纪律的行为必须认真处理,切实做到纪律面前人人平等、遵守纪律没有特权、执行纪律没有例外,形成全团上下步调一致、奋发进取的强大力量。

第三,恰当使用权力,清醒面对利益。共青团干应时刻意识到,手中的权力来自人民,是人民赋予的,不论是上级任命、选举或招考的各级团干部,都是团员及青年群体的服务者。共青团是代表和维护青年利益的忠实组织,团干部所掌握的权力应当用来为青年谋福利、谋利益。

四十六、团干部协调工作的方法

共青团的工作情况决定了团务工作者在工作中需要协调。协调好了,共青团工作就能达到事半功倍的效果。那么如何去协调呢?要处理好四个关系:

1. 要处理好服务党政中心工作与突出青年特色的关系

团的性质决定了团的工作必须服务和服从于党政中心工作。同时我们共青团是先进青年的群众组织,必须要具备青年特色,我们必须把服务党政中心工作和突出青年特色结合起来。

2. 要处理好坚持团的核心地位与壮大青年群众组织的关系

《团章》确定了我们团在青年群众中的核心地位。我们一方面要充分发挥好团的核心作用，另一方面要百花齐放地壮大青联、青企协等青年群众社团组织，让青年群众社团组织充分发挥我们团所不能及的作用。二者相互补充，相互促进，共同达到教育青年的目的。

3. 要处理好短期岗位与长远事业的关系

从事共青团工作有严格的年龄限制，一般相对基层团干部来说3~5年就要转到其他岗位。这非常容易使我们团的干部在不知不觉中形成短期意识，在团的工作中形成"近视眼"，缺乏长远计划，而共青团作为我们党创立的先进青年组织，是一项长远的事业，只有把短期岗位放到长期事业中去，我们共青团的事业才能不断发展、辉煌。要处理好这个关系，需要我们共青团的干部胸怀全局，力戒短期行为、力戒浮躁情绪。

4. 要处理好共同理想与个人价值追求的关系

在我们团内就是要动员、团结、领导广大青年，为中国式现代化奉献青春和智慧。离开了共同理想的追求，个人价值如同无源之水，无本之木。

四十七、团干部提高自身素质的方法

团干部是党的青年干部队伍的重要组成部分，是青年领导人才的重要来源。团干部具有自身特有的优点，有朝气，工作热情高，思维敏捷，在工作岗位上做出了一定的成绩，也积累了一定的经验。

1. 坚定信念，服务青年，加强思想基础

团干部是团员青年活动的组织者，承担着对团员青年进行思想教育的责任，自身的思想作风素质对团员青年有很大的影响。所以，加强和改进思想作风建设对团干部来说是第一位的。广大团干部要以身作则，增强讲政治的自觉性，努力把握政治方向，坚定政治立场，增强政治敏锐性，提高政治鉴别力，始终保持政治上的清醒和坚定，要善于在服务大局和服务青年的结合中找到最佳位置，创造性地开展工作，以保证党的路线方针政策的全面贯彻落实。要以坚定的理想信念、高尚的人格力量和良好的道德形象感染、影响和带动团员青年，充分发挥在团员青年中的模范带头作用。

团干部要深入团员青年中去，要克服官僚作风，深入基层、深入青年，要身下心也下，不能做"青年官"，要做"青年友""青年兵"，要与青年打成一片，要做到思想上尊重团员青年、情感上贴近团员青年、工作上依靠团员青年。要深入青年第一线，搞调查研究，与青年真诚相待、推心置腹，广

第一章 共青团工作方法

泛结交朋友，这样才能既把握住青年的思想脉搏，又把团员青年团结在自己周围。服务青年的关键是要为青年办实事、谋利益，我们要把为青年办了多少实事、解决了多少困难作为衡量工作成效的重要标准，作为检验团干部思想政治作风的根本尺度。只有这样，才有了做好共青团工作的思想基础和群众基础。

2. 注重学习，拓宽知识面，提高综合素质

学习是前提，不学习，政治上就不能成熟，是非不分，方向不明；不学习，精神境界就会陷于低级趣味，就难以抵挡各种名利的诱惑；不学习，工作中就理不清思路，分不清主次和轻重缓急。共青团干部要想有所作为，有所成绩，就要确立"活到老，学到老"的观念，树立端正的学习态度，养成扎实深入的学习精神。

要将提高理论修养作为首要任务来对待，理论上成熟是政治上成熟的基础，只有理论上的成熟，才有政治上的坚定，才能有行动上的自觉。要增强政治敏锐性和政治鉴别力，提高运用党的基本理论、基本路线和基本方针解决实际问题的水平，切实保证共青团事业的健康发展。只有掌握了科学理论，提高自身的理论素质，才可能把握全局，更深刻地认识自己所肩负的政治责任和工作责任；才可能避免思想上的空白、理论上的混乱和行动上的盲目，才能识别各种思潮，辨明是非界限；才可能具有坚定的政治信念和高尚的精神境界，摆脱低级趣味，抵制各种物欲的诱惑。

团干部要适应新形势的发展，正确的对策必然是学习、学习、再学习，必须尽快调整知识结构，在熟练地掌握共青团基础业务知识的基础上，着眼于对事关改革、发展和稳定大局的问题的关注与把握，着眼于新形势下共青团工作的理性思考，及时了解新思潮，熟悉新学科，学习有关政治、经济、科技、军事和法律等方面的知识，不断充实和更新知识库，完善知识结构，培养宽广视野，提高工作的预见性、针对性和有效性。

在学习中要坚决克服"急学现用"、"理论与实际相脱节"的学习方式。作为青年团干部，要具有创新意识，要在实践中创新，不断完善和发展理论，要勇于冲破旧框框、旧模式的束缚，及时总结经验，将学习的知识上升为理论，用以指导新的实践。要坚持调查研究，将学习与调查研究结合起来，做到知行统一，真正做到学以致用，从而增强处理困难问题、驾驭复杂局面的能力，以学习促工作。

3. 勇于实践，敢于创新，提高工作能力

实践出真知，实践出人才。团干部要积极投身实践，在工作实践中增长才干，提高处理复杂问题的能力。

一是要开拓创新。"创新是一个民族的灵魂，是一个国家兴旺发达的不竭动力。"团干部的思维敏捷，接受新事物快，最富有创新精神。而且，团的工作是一项富于主动性和创造性的工作。因此，团干部要充分发挥自身优势，努力强化创新意识，提高创新能力。我们要针对客观环境、工作对象的实际变化，在继承以往好经验、好做法的基础上，从习惯性的思维方式和工作方式的羁绊中解放出来，在实践中不断寻求新的方法，总结新鲜经验，努力做到以新的视角认识问题，以新的方式指导工作，使工作与变化的客观实际相吻合，从而增强工作的针对性和实效性。

二是要务实苦干。共青团工作由于自身工作性质的缘故，在实际工作中体现务虚的工作内容较多，注重形式，但形式归根结底是为内容服务的，形式运用不好就极易成为形式主义。因此，对于青年团干部来说，如何避免形式主义就成为工作的一个必须突破的难题。在工作中既要注重形式，做好形式，又要避免一切着眼于形式，为了形式而追求形式。要克服形式主义，在狠抓落实上下功夫，要言行一致，崇尚实干，肯下真功夫、苦功夫，力戒做表面文章，摆花架子，不搞短期行为，不追求一时轰动效应，而是一步一个脚印，扎扎实实做大量艰苦细致的工作。只有养成这种求真务实的工作作风，团的事业才能有大的发展。要把实干精神与科学态度结合起来，真正做到"五实"，即"说实话、摸实情、办实事、鼓实劲、求实效"。要深入实际，调查研究，求真求实，要深入基层，了解工作与现实变化的要求有什么差距，寻求解决问题的方法，总结基层团干部的经验，在积累大量事实和切身感受基础上，形成对整个社会，对青年整体的清晰而深刻的认识，明确时代发展的方向和青年前进的历史脚步，这时再制订工作计划、活动方案，就可能做到胸中有数，有理论与实践相结合的实实在在的东西，就有可能取得预期的效果。

4. 艰苦奋斗，严格自律，塑造良好形象

古人云："其身正，不令而行；其身不正，虽令而不从。"团干部作为先进青年的代表，作为团员青年的表率，要正确对待、自觉进行艰苦奋斗的自我教育，不断加强自我修养，在过"富日子"的同时，学会过"紧日子"、过"苦日子"，比谁更勤俭节约，比谁更艰苦朴素，确立正确的评价标准，形

成良好的个人习惯,在日常工作生活中培养吃苦在前、享乐在后的高尚情操,保持昂扬的斗志和奋发进取的精神状态,努力塑造青年团干部的良好形象。

作为青年团干部,要严于律己,甘于奉献。团干部的社会阅历相对较浅,经受复杂环境的考验相对较少,因此更要特别强调严格自律的问题。现在,在一些团干部身上,就存在着宽于律己的现象。要严格自律,最根本的是牢固树立正确的世界观、人生观、价值观,在思想上构筑起拒腐防变和抵御各种侵袭的"防线"。要切实加强党性修养,努力改造主观世界,做到自重、自省、自警、自励。作为共青团干部,要克服那种"共青团无职无权,是清水衙门,不会犯大错误"的麻痹思想,从大处着眼,小处入手,要严守道德防线,于细微处规范自己的言行,防微杜渐,从思想观念的源头防起,从行为方式的源头防起,构筑起拒腐防变的长城,为今后走向新的岗位打下良好的思想基础、行为基础、素质基础。

四十八、团干部提高自身工作能力的方法

1. 要有创新精神

团的干部必须具备开拓精神和创造精神,解放思想,实事求是,用改革的精神和发展的观点研究新情况,解决新问题,推动工作向前发展。

2. 要勇于实践

创造性工作能力的培养,是勇于实践的结果。团干部应当明了,改革的深化与发展,给共青团的工作带来哪些新的任务、新的要求,集中大家的智慧,因地制宜,在实践中探索团组织设置的新模式、团的活动的新方式,团的工作的新领域,总结出新的经验。

3. 要勤于调查

团干部要在新形势下做好工作,就应深入调查研究。一方面要了解党的中心工作及工作部署,了解党对共青团提出的任务和要求。另一方面要了解青年的状况,了解青年的意见和要求。这样,就可以从本单位的实际出发,提出工作任务,找出切合实际的好办法。

4. 要善于学习

团干部要适应工作的要求,开创工作新局面,重要的问题在于学习。要学习马克思列宁主义、毛泽东思想、邓小平理论、"三个代表"重要思想、科学发展观、习近平新时代中国特色社会主义思想,学习党的路线方针和政策,

学习团的业务知识,还要学习一些同本职工作有关的科学知识。同时要从实践中学习,随时总结经验。这样做,团干部的创造性工作能力就可以得到提高。

从团干部个人来看,要牢固树立实事求是的思想。作为党的助手和后备军,要为将来工作培养良好习惯。要脚踏实地,不要心浮气躁,要立足长远,不要急功近利。从共青团服务对象来看,要始终坚持实事求是的路线。工作项目要增强针对性、实效性、创新性。从青年实际中来,到实际中去,更好地为青年服务。要因地制宜,不要削足适履,要与时俱进,不要一成不变;从共青团工作作风来看,要长期贯彻实事求是的精神。让党放心,让青年满意。要符合实际,不要闭门造车,要解决问题,不要虚张声势,要持续深入,不要虎头蛇尾;从共青团业绩考核来看,要全面体现实事求是的方针。要真正把青年是否满意、有多少满意、有多大程度的满意作为量化考核指标。

广大团干部要牢固树立全局意识、基层意识、开放意识、创新意识和服务意识,切实提升学习研究能力、战略思维能力、把握政策能力、科学决策能力和执行落实能力。深入贯彻习近平新时代中国特色社会主义思想,以创新的精神推动党的青年群众工作新发展,就要主动发现新事物,提出新见解,解决新问题,拓展新空间,做出新贡献。要服从于更有效地凝聚青年,巩固和扩大党执政的青年群众这一根本目的,坚持解放思想,改革创新;坚持发奋学习,科学创新;坚持立足实际,务实创新。

四十九、团干部勤奋工作的方法

天才出自勤奋,当然这并不意味着一个完全没有天赋,甚至智力有缺陷的人光靠勤奋也可以成为天才。所以,这就要求你根据自己的天赋选择适合自己的工作。天才出于勤奋强调的并不是具备很高天赋和能力的人才能取得成功,即使一个智商普通的人,只要他认真锻炼自己的能力,始终坚持自己的理想,不断付出艰辛的劳动,同样可以取得成功。勤奋地工作,才能在工作中不断开拓进取,走出新路子,干出新事业。

1. 做到工作勤奋,最根本的是要能吃苦,有坚韧的意志力。团的工作面宽、线长、任务烦琐,经常是在短时间内需要完成巨大的工作量,而企业团干部大多数是兼职。这就要求团干部发扬特别能吃苦、特别能忍耐、特别能战斗的精神,保质保量地按时完成。

2. 做到工作勤奋,必须保证工作质量提高工作效率。科学的工作方法加上勤奋的工作,就可以达到事半功倍的效果。工作之前,要有详细的工作计划和进度安排,注意通盘考虑、总体谋划,合理安排、统筹兼顾。还要注意协调各方,整合资源,用足"内力",借助"外力",内外结合,上下联动。注意加强基础工作,理顺工作程序,完善工作制度,推动组织工作的制度化和规范化。注意不断完善工作手段,善于借助现代信息网络技术和电子视频等手段,推动组织工作方式的改进,不断提高工作质量和工作效率,拿出高水平的工作成果。工作期间做到讲究工作效率,学会整合资源及人员调配。在工作当中不断地学习来提升自己,研究更适合的工作制度和方式方法,不断掌握新的科学技术和功能运用。工作结束后注意工作总结,找出症结,及时解决,为下次的工作节省时间。

五十、团干部魅力引领方法

1. 魅力引领的概念和重要性

魅力从本质上讲是种非权力影响力,它是领导者自身的非权力因素所产生的自然影响力,是由领导者的人格因素引起的、为被领导者认可、以内驱力的形式影响和改变被领导者心理与行为的一种力量。它建立在被领导者对领导者的尊敬、依赖、钦佩、崇拜的基础上,为被领导者自觉自愿、心悦诚服地接受,不具有任何强制色彩和驱使感,其常常能发挥权力性影响力所不能发挥的作用。

共青团组织的发展尤其要关注基层,关注凝聚最基层广大团员青年,这是共青团履行职责、完成使命的时代要求。从基层工作的实践看,一要靠先进思想的吸引;二靠对青年合理利益诉求的尊重和服务;三靠对青年特有兴趣的满足;四靠对青年未来职业生涯发展过程中所需要的社会化技能的培养;五靠广大团干部人格魅力和对青年的感情等重要因素才能实现。在这五条路径中,团干部的魅力因素是非常重要的基础,再先进的思想离开传授者的个人魅力都会变成枯燥的说教,而无论是对青年合理利益诉求的尊重和服务,还是青年特有兴趣的满足以及社会化技能的培养,如果缺乏团干部的魅力这一因素,总会事倍功半。

2. 团干部工作需要哪些魅力

魅力引领的工作方法简单来说就是团干部通过自身的魅力将青年紧密地凝聚在自己的周围,以自身的魅力提升团组织的吸引力。青年是一个善于学习、崇拜偶像的群体,如果团干部具有某方面特别的魅力,那么就能使青年产生一种崇拜的情怀，愿意凝聚在其周围。

（1）语言形象。团干部的形象和语言会给青年带来最直观的感受，是青年接触团干部的第一步。保持良好的形象和采用青年喜欢的说话方式，能够使青年觉得团干部更加亲切。在形象方面，团干部在组织活动中要尽量与青年一致，其着装和装饰要贴合场合、时机，但又不失自身的特点，要让青年感受到既不脱离群体又有一定的品位。在语言方面，团干部要少打官腔，多说实话，多用青年喜欢的方式说话，要了解青年群体中的特定流行语。

（2）知识能力。共青团是先进青年的群众性组织，团员的先进性的一个方面便是表现在具有较渊博的知识和较突出的能力，团干部作为团组织的领导者更需要具有渊博的知识和突出的能力，只有这样才能让团员青年信服。团干部要不断学习和提升自己，专业知识和通俗知识要并重，各项能力要不断进步。

（3）品德素质。品德素质包含一个人的道德修养和道德情操，体现着一个人的道德水平和道德风貌。团干部要具有高尚的品德素质，要用自己的言行去引导青年。团干部要尊重青年，要真诚地把青年视为自己的兄弟姐妹，要处处体现青年的主体作用，而不是把青年当作被领导的工作对象。此外，团干部还要具有高度的责任心，尤其在多为兼职的企业团的工作领域，没有足够的责任心是没办法做好工作的，也无法得到青年的信任。

五十一、团干部创新能力提升的方法

创新是一个民族进步的灵魂，是国家兴旺发达的不竭动力。创新不仅成为个人实现自身价值的重要途径，更是一个国家或一个民族不断进步的动力。当今社会的竞争，与其说是人才的竞争，不如说是人的创造力的竞争。因此，作为团的事业的建设者与开拓者，共青团干部必须不断地学习各方面的知识来提升自己，了解各方面的信息来丰富自己的想象力，使自己的创新能力立足于更高的平台。

团干部要带头树立创新意识，发扬创新精神，保持创新锐气，以创新促发展。团干部要勇于创新、善于创新，不仅要让创新成为生活与工作中的一种习惯；更要在吸取前人经验的基础上寻求突破，紧密结合岗位职责和岗位期望，力争在干好本职工作的前提下有所创造、有所前进。总的来说，团工作中的创新包括以下几个方面：

1. 创新工作思路。思路是整个工作进行的风向标，只有从思路上进行创新才能带动工作中其他方面的改变。团干部不能故步自封，而要勇于、善于打破常规、打开思路。

2. 创新活动内容和形式。当今的青年有着诸多新特点、新需求，原有的活动内容与形式已经难以满足青年群体多样化的需求。团干部要根据青年爱好，组织开展活动，活跃青年生活。

3. 创新方式方法。团干部的创新能力还体现在创新工作的方式方法中，工作方法是从目标到实践的中介，方法的创新在很大程度上决定了目标的实现程度、效率，等等。

创新是社会发展进步的不竭动力，共青团干部要始终紧跟时代与社会发展的步伐，要始终与时俱进，保持自身的先进性，就必须善于从现象看本质，深刻把握青年群体的实际情况与特点的同时，创新思路、创新方法。具体来说，要做到以下几点：

第一，要培养对工作积极正面的态度。对工作具有高度的责任感和使命感是创新的重要前提，只有对共青团工作抱有积极、正面的态度，将共青团的工作看作自身的价值所在，才能为团干部带来正能量，才能使团干部真心实意地投入到工作中去，想青年之所想，才能千方百计不断钻研与创新。

第二，要用现代科学知识武装头脑。任何创新都不是无源之水，无本之木，而是在扎实的科学知识的基础上运用新方法、新思路，对原有的知识进行新的组合与运用。因此，创新必然要以丰富的知识作为基础。团干部要培养创新能力，就必须先认真学习科学文化知识，学习工作方法、技巧，等等，只有将这些知识融会贯通，再辅以创造性的思维，才能真正实现正向的、卓有成效的创新。

第三，要善于接受新事物、新思想。创新，首先要能够接受"新"。共青团干部想要培养自身的创新能力，首先就必须要能够正确地认识新事物、新思想的出现，并能够对其有精准的判断与解读。其次，团干部必须积极开动脑筋，学会思考并善于思考，将接收到的信息化为己用，恰当地进行类比、新的组合或创造。创新的过程本就是一个新旧交替的过程，团干部在这一过程中不仅要保持清醒的头脑，不被快速更新的时代所迷惑，又必须坚持自身的先进性，只有这样才能保持团干部不竭的创造动力与创造力。

第四，要善于总结经验、突破常规。创新能力不仅仅包括"创"的能力，更包括"收"的能力，这里的"收"指的就是利用前人的知识和智慧。吸取前人的经验或教训往往可以让我们的创新工作少走弯路，从而避免不必要的失败。同时，站在前人的肩膀上，我们可以更清楚地看待问题、考虑问题和解决问题。当然，经验的借鉴并不是要我们墨守成规、一成不变，相反的，而是在这种借鉴的过程中，我们更要敢于突破。工作中，很多看似经验的思维已深深刻在大家脑海中，成为禁锢思想的枷锁。团干部要解放思想、与时俱进、大胆创新，对现有的工作模式、方式方法等进行冷静的思考分析，取其精华，去其糟粕，结合时政导向、当地具体团情和工作重点，选择创新项目，不断丰富工作内容，创新工作形式。

创新是指敢于提出新思想、新方案、新办法，并把新思想、新方案、新办法付诸实施、落到实处取得成效。青年人朝气蓬勃，思想不保守，是最具有创造热情和创造潜力的群体。而团的工作正需要一批具有开拓创新精神的干部去带领去组织。只有这样，才能根据时代的发展、青年的变化，不断创新我们的工作模式、工作内容和工作方法。

五十二、提升企业团干部知识力的方法

共青团组织作为党的助手和后备军，在国家青年事务中发挥着重要作用，而广大基层团干部作为团组织活动的主要推动者和实践者，更应重视知识的学习，以自身渊博学识来吸引青年、凝聚青年、"征服"青年。对于企业团的干部而言要注意加强以下几个方面知识内容的学习。

首先，要认真学习马克思主义理论，这是我们做好一切工作的看家本领。马克思列宁主义、毛泽东思想、邓小平理论、"三个代表"重要思想、科学发展观、习近平新时代中国特色社会主义思想是中国共产党的行动指南和重要思想保证，更是共青团干部做好团的工作的出发点和智力支持，特别是领会了贯穿其中的马克思主义立场、观点、方法，才能心明眼亮，才能深刻认识和准确把握社会发展规律。

其次，要学习党的路线方针政策，这是企业团干部开展工作要做的基本准备，也是很重要的政治素养。只有牢牢地掌握和理解党的路线方针政策，尤其是党在经济发展和青年人才发展方面的路线方针政策，才能在工作中把握正确的方向，为企业团的工作找到政策上的支持。

再次，要加强经济、政治、历史、文化、社会、科技等各个方面的知识学习，不断提高自己的知识化、专业化水平。要坚持干什么学什么、缺什么补什么，有针对性地学习掌握做好领导工作、履行岗位职责所必备的各种知识，努力使自己真正成为行家里手、内行领导。同时，要加强其他知识的学

习，积累自身的知识素养，扩大自身的知识面，以自身渊博学识来吸引青年、凝聚青年、征服青年。

最后，企业团干部还要注意加强能够帮助青年员工解决实际问题的知识的学习。比如，企业团干部要学习一些法律知识尤其是劳动法律方面的知识。

五十三、提升共青团干部的人格力的方法

简单来说，人格力包含两个部分：一是团干部的个人形象、语言表达等形成的外在人格力；二是团干部的处事风格、待人态度等形成的内在人格力。

（一）外在人格力

1. 个人形象。从心理学的角度来看，形象就是人们通过视觉、听觉、触觉、味觉等各种感觉器官在大脑中形成的关于某种事物的整体印象，简言之是知觉，即各种感觉的再现。个人形象，也就是一个人的外表或容貌。团组织要增强凝聚力，团干部就要增强魅力，努力提升自己的"人丽资本"。作为一线团干部，基层团干部在这个过程中担负着领导、管理、团结、凝聚和联系的工作，与团员、青年的接触自然是很频繁的。因此基层团干部的亮相，应该是充满魅力的，即容貌端庄、衣着得体、举止恰当。试想，如果团干部自身都无法呈现给团员、青年一个良好的形象，那么必然不能赢得青年的好感，更别说团结和凝聚了！恐怕他们对团干部更多的是距离感、畏惧感和厌恶感吧。看似很不经意的形象仪表，在基层团的工作中的作用不可忽视。它是团干部走进团员、青年的第一张"通行证"！

2. 语言表达。语言的产生就是基于沟通交流的需要，语言是人类沟通交流的第一工具。青年人是朝气蓬勃的一代，他们喜欢聚集、喜欢交流，对语言有着自己独特的见解和感情，尤其是网络技术和网络文化的发展更让青年的语言丰富多彩、变化万千，因此，对经常与青年打交道的共青团干部而言，如何利用好这"第一工具"应该是工作的重中之重。口才好的团干部，能够准确自如、恰到好处地表达出自己的思想、感情、意图等；能够把道理讲得条分缕析、形象生动；能够结构自然，简洁明了地令他人听清和理解自己的话语。同时，也能够从与他人的交谈之中测定他人说话的意图，得到有益的启迪；而且还能够通过谈话，增进自己对他人的了解，与他人建立良好、和谐的关系。

(二) 内在人格力

1. 处事风格。处事风格在工作和日常办事过程中体现出来的坚定性和敏感性的模式,所谓坚定性是指这一模式是基本延续不变的,是一种基本固定的模式;所谓敏感性是指这一模式具有区别于其他模式的特质,容易被人所感知。团干的处事风格能够极大地影响工作的效果。青年团体是一个特殊的团体,特殊在年龄上,共青团员年龄在14~18岁之间,这个年龄段是一个充满活力,激情迸发,热血沸腾的年龄段。每个青年就像早晨八九点钟的太阳,喷薄而出。与青年们在一起,就要保持这种热血沸腾的状态,要让大家觉得你是一个浑身上下有使不完的劲儿的带头人,是个能时刻保持旺盛精力冲在工作第一线的人,只有具备这种特质的人才能真正地融入青年当中,并且取得青年们的信任,才能以自己的热情融化周围的青年,带动他们一起面对任何困难与挑战而永不退缩。当我们在听青年们谈及他们最好的团干部、有魅力的团干部时,他们说的大多是:"他确实关心自己的工作""他热爱他的工作"。保持热情的处事风格,对做好团的工作,尤其是基层团的工作具有重要的实践意义。当然,团干部的处事风格不仅仅是热情就足够了,还要做到谨慎细微有责任心、雷厉风行不拖泥带水等。

2. 待人态度。团的工作最后的落脚点都是人与人之间的接触,无论是组织、服务青年,还是与其他部门的沟通协调,都是处理的人与人的关系。在人与人的接触中,团干部所表现出来的态度对接触的成功或失败具有重要的作用。在与人的接触中一定要真诚,尊重对方。真诚,作为最基本的道德品质之一,被视为一种可以推广到所有人际关系中的可贵品质。真诚让每个人都能受益,进而实现人与人的和谐,人们在实现自己的目标路途中,真诚是助推器、润滑油。真诚会帮助人们早成功并使得人们更容易成功,而团干部工作的开展很大一部分是以与上级、下属、同事人际关系的处理作为基础的,人际关系处理妥当与否,对团干部是否顺利开展工作、凝聚青年、服务青年意义重大。尊重是基于人与人之间平等关系上的道德要求,是一种源自内心的道德行为,是最基本的道德价值。"人"是相互支撑的结构,而尊重则是这最好的黏合剂。要想获得别人的尊重,首先得尊重别人,会尊重自己的人,也才会尊重别人。一个有强大人格力的团干,不仅仅懂得尊重长辈、尊重领导,还会尊重他服务的每一个青年、他打交道的每一个人,在他那里尊重他人是一种习惯。

第一章 共青团工作方法

五十四、企业团干部资源整合的方法

资源整合是指对不同来源、不同层次、不同结构、不同内容的资源进行识别与选择、汲取与配置、激活和有机融合，使其具有较强的柔性、条理性、系统性和价值性，并创造出新的资源的一个复杂的动态过程。资源整合是一种在工作中进行资源配置与战略调整的手段。整合的目的就在于优化资源配置，就是要有进有退、有取有舍，就是要获得整体的最优。而资源整合能力则是指团干部对团组织相关的所有资源进行选择，将其整合后进行合理的使用，以实现资源的最优化配置的能力。企业团干部多为兼职，人力和物力资源都比较匮乏，资源整合能力对企业团干而言更为重要。资源整合能力是包含资源获取、资源选择、资源配置、资源创新等一系列能力在内的综合能力，也是对团干部的一项极大考验。

对于资源整合，团干部必须改变观念，放宽眼界，在资源来源上，不靠"等""要"；在选择上，不局限于眼前利益，而是长远考虑；在资源配置上，积极推动实现活动运作社会化、项目化，跳出"就团论团"的圈子，积极寻找合作对象，实现多方共赢。团干部要积极利用企业自身和周围的资源，积极寻求党组织、工会、企业其他部门以及其他社会组织的支持。具体来说，团干部应注意以下几点：

1. 打破旧观念。整合资源，首先不是一种能力，而是一种意识和观念。在一位优秀领导者的思想意识中，任何事物都是有价值的，尤其是人才资源。很多事物、很多人才之所以还没有表现出它的价值，没有充分发挥出作用，主要原因，不是它没有价值，而是放错了地方，或者没有给其发挥作用的空间和舞台。团干部必须意识到，只有打破思维上的定式，才能进一步开阔眼界，培养自身进行资源整合的能力。

2. 开阔新眼界。要具有开阔的视野和独到的眼光。善于整合资源的领导者往往独具慧眼，能够从一件事物、一个人身上看到别人所看不到的价值，并且具有开阔的眼界和丰富的想象力，能够把似乎毫不相关的事物联系起来，为实现同一个目标、完成同一项任务做出贡献。团干部要能够看到周围的人、事、物各自独特的价值所在，从而提出资源整合的思路与方案。

3. 选择好战略。战略是为了达到一定的目标，在特定的环境下，对自己的资源和能力进行最佳配置和组合的一种方法。面对越复杂的环境，企业越需要战略。好的战略必须充分考虑自身的资源和能力，知道自己每一步都在干什么，懂得每一个具体目标的实现如何促进总体目标的达成。团干部必须能够制定可执行的、正确的战略,谋定而后动,对未来进行取舍并以此指导共青团日常的决策,才能保证共青团的稳步前进。

五十五、企业团干部在工作中协调好关系的方法

1. 与党组织的关系。作为党的助手和后备军,共青团要坚持和维护党的领导,承担凝聚和服务党的青年基础的职能。企业团的干部要主动向企业党组织汇报自己的工作,争取党组织的支持。

2. 与企业工会的关系。工会是党领导的职工自愿结合的工人阶级群众组织,是党联系职工群众的桥梁和纽带,是国家政权的重要社会支柱,是会员和职工权益的代表。在一个企业中工会是职工权益的代表,这与共青团代表青年员工的利益是有一定的重合的,共青团要找准定位,在工作的交叉中体现自身的独立,这一独立性集中地体现在要牢牢抓住青年这一主体。但考虑实际工作的需要,保持独立性并不是排斥其他员工参加共青团的活动,而是要体现青年的主体性即可。

3. 与企业其他部门的关系。企业团的工作要围绕企业的日常中心工作,团的工作要找准自己的定位和工作切入点,组织青年为企业的生产经营服务。团干部要与其他部门互通有无,加强沟通交流,做好宣传,争取他们对共青团的认同和关注,积极营造良性的工作环境和成长环境。

4. 与上级团组织的关系。首先,团干部要正确认识自身所处的位置,对于上级团组织的精神要认真学习贯彻;上级团组织的决定要坚决支持;上级团组织的任务要不折不扣地完成。但是,团干部也必须坚持原则,不盲从。对上级有意见要通过组织渠道反映,及时做好沟通协调。除此之外,团干部应主动向上级汇报自己最近的工作情况、工作思路及心得体会,让领导了解你的工作、了解团组织的工作,从而关心、支持团的工作。

5. 与团员青年的关系。青年既是共青团的主体,又是共青团的工作对象。团干部要协调好与团员青年间的关系,坚持从青年中来,到青年中去。对待团员青年要随和,决不能摆花架子,自以为是,目空一切。要注重感情投资,俗话说"细微之处见真情",要从点滴做起,关心团员青年的工作、生活、学习,尽最大努力提供具体的帮助,这样一旦建立了良好的感情关系,便能产生亲切感,拉近与青年的心理距离。同时,对团员青年决不能一味地放纵,要学习掌握适度治人的艺术,既有表扬奖励也需要适度的批评和指责,但批评要注意合适的时机和场合,要态度诚恳,方法得当。

第一章　共青团工作方法

6. 与其他团干的关系。团干队伍是一个整体，团干之间是同事，是战友，是一个完整的团队。团干部要始终注意处理好与其他团干间的关系，一方面要加强沟通交流，互相学习、共同进步；另一方面在遇到矛盾和问题时，要真诚沟通，豁达大度，严于律己，宽以待人。

培养沟通协调能力，首先，要学会给予尊重。无论与青年、上级、同志沟通、交流，团干部首先需要学会的就是给予对方最大的尊重。相互尊重是疏通、协调各种人际关系最重要的一环。只有相互尊重，才能打消对方的疑虑，博得对方的信任。其次，要全面获取信息。掌握全面的信息才能在沟通中将问题搞清楚，提高沟通的效率，避免就一个问题反复沟通。再次，要了解对方的信息，就是尽可能周详地了解对方的长处和短处，并在工作中，扬其所长，避其所短。这是使对方避免感到"为难"，并能更加有效地给予帮助和支持的重要一环。最后，要善于全面交往。团干部要能够与各类青年交朋友，与各种团体和组织打交道。这不仅能够为团干部积累广泛的人脉与资源，更能够锻炼团干部协调各种关系，有效开展各种活动的本领。

五十六、企业团干部配备、使用与管理方法

1. 团干部的配备

团的干部是团的工作的骨干。各级党、团组织要按照德才兼备的原则，大胆选拔年轻干部，保持团干部队伍年轻化的优势，努力实现团干部队伍的革命化、知识化和专业化，在"保留骨干、以资熟手"的同时，不断为党和国家输送年轻干部。

2. 团干部的使用与管理

团的各级组织负有协助党管理团干部的责任。要加强对团干部的选拔和培养，建立正规的培训制度，办好各级团校和培训班；建立和健全团干部的考核制度；主动向有关党委和团委推荐下级或同级团组织负责人人选，对团干部的调动提出建议。

团的各级组织要关心团干部的工作、学习、生活和休息，努力帮助他们解决实际问题，积极为他们的成长和转业创造条件。

对工作有显著成绩的团干部，团的组织应当给予表扬和奖励。

3. 企业专兼职团干部

鼓励企业设专职团干部，但要认真把握企业规律，善于创新组织格局。

企业团的组织制度设计和专兼职干部配备要有利于企业团委掌握生产经营的重要情况，同时又能够善于动员、借助企业内部各种资源。首先，团的组织格局设计要体现对生产经营运行上的整体性把握。其次，要强调不同层级的专兼职结合问题。最后，副书记或团委委员应该涵盖企业生产经营、管理、研发等各个重要部门，在青年人比较多的地方进行组织格局设计。

五十七、企业团干部工作的方法

共青团工作不但是一门科学，同时也是一门艺术。在企业，团员青年无论是在物质文明建设，还是在精神文明建设，他们始终是一支活跃向上的群体，是企业发展的"主力军"和"突击队"。如何搞好企业团的自身建设，充分调动和发挥团员青年的工作积极性和创造性，为企业中心工作服务，其中确有许多学问和艺术，企业共青团工作艺术，因人而异，因企业而异。不同的人有不同的工作艺术，企业不同，适应的艺术方法亦不同。艺术来源于实践，又服务于实践，运用得当，事半功倍；运用不当事与愿违，这就要求企业共青团干部在工作中不断学习，不断摸索，灵活运用，然而在日常工作中要重点把握以下几个方面的内容：

1. 围绕中心，找准工作的切入点

围绕党的中心工作，服从大局，找准企业团的工作的切入点，是企业共青团干部必须牢牢记住的工作方针，也是搞好企业共青团工作的关键。企业团干部在开展工作时，要根据上级团委的工作布置，结合企业党委的中心工作和本企业青年的特点，找准自己工作的切入点，不贪多、不求全，有针对性地扎扎实实地开展工作。

2. 上传下达，抓住工作的着重点

企业团组织开展工作离不开上级团委的正确领导；离不开企业党委强有力的支持；离不开广大团员青年的贯彻实施。因此，企业团支部在开展工作时，要摆正"三者"的位置，抓住工作重点，及时做好上传下达。上传就是企业团干部要及时认真地了解上级团委和企业党委各个阶段的工作着重点，围绕工作着重点创造性地开展青年工作，并及时地向领导汇报工作开展情况，征得领导对自己工作的检查、指导与支持，这是企业团干部开展工作的关键。下达就是企业团干部要让广大团员青年及时地了解团组织开展工作的着重点，使团组织的工作计划及早地得以贯彻实施，这是企业团组织开展工作的基础和落脚点。

第一章 共青团工作方法

3. 寓教于乐，寻求工作的共鸣点

适应新形势和青年的需求，创新青年思想政治工作方式、方法，是企业共青团组织开展思想政治工作的新课题。青年人活泼好动，接受新生事物强，富有生机活力，这就要求企业团的工作必须以丰富多彩的活动方式吸引青年、教育青年、感化青年，寓教于乐，在教与乐中寻求共鸣点。抓住青年人关心的国家大事，关注社会热点，关切自身利益等特点，有针对性地开展娱乐活动，通过娱乐进行教育，增加教育的渗透力、影响力和感染力，让娱乐活动为教育服务。

4. 善于思考，探索工作的突破点

面对日新月异形势发展的变化，企业共青团团支部必须不断探索工作的新途径，不断寻求适合青年特点的工作方式、方法，并形成突破点，以此跟上时代发展的步伐，才能收到良好的效果，起到团结青年、引导和教育青年的作用。一方面，要在开展工作的形式上有突破。抓住新时代共青团工作的主旋律，结合企业青年人的特点，深入调查了解，勇于开拓工作思路，积极探索工作方法，精心设计和组织有影响的活动，开展"创新创效""青年联谊会"等活动，让青年在活动中增长知识，陶冶情操。另一方面，要在建立健全工作制度上有突破。建立健全企业共青团工作制度，是加强企业团组织规范化管理的依据，是规范团的工作行为的基础。目前企业改革步伐日益加快，企业各种用人、用工、奖惩等新制度也随之出台，企业团组织，要及时地制定切合本企业青年特点的新的运行管理制度，跟上企业改革的步伐。同时要在团干部队伍建设上有所突破。大胆培养、提拔、使用青年干部，在企业团委、支部换届选举时，对优秀青年创造锻炼和施展才华的机会，做到量才用人、竞争用人，并积极加强团干部的思想、组织、作风建设，建立健全团干部的考核机制。

5. 设身处地，把握工作的立足点

维护青年的利益，关心青年、服务青年，设身处地地为青年着想，是企业共青团组织应尽的义务，也是企业共青团组织团结青年，增强组织向心力、凝聚力的重要手段。设身处地地为青年着想应找准两个立足点：一是立足于关心青年的精神需求，为青年的成长进步铺路搭桥。积极关心青年人的思想教育、文化娱乐和发展成长，为他们的学习、进步、婚恋创造良好的条件，尤其是对那些优秀的青年，要有重点地关心、培养、教育，在有学习、入党、提干等机会时，要积极做好向企业党委推荐工作，以此调动团员青年的工作积极性。二是立足于关心青年的物质需求,为他们的物质生活排忧解难。在国家和企业政策法规允许的情况下,积极维护广大青年的合法权益,积极反映青年的合理要求,多做得人心、稳人心、暖人心的工作,为广大青年办好事、办实事、解除他们工作学习的后顾之忧。

6. 知人善任,挖掘青年的闪光点

共青团组织是先进青年的群众组织,其工作的开展和成绩的取得,离不开广大青年的智慧和力量。个人的智慧和力量总是片面和单薄的,而大家的智慧和力量汇聚在一起就会无往而不胜。每个青年身上都有这样和那样的优点与长处,发现青年人的优点与长处,并充分利用他们的优点与长处,不但是企业团干部的工作职责,也是企业团干部搞好工作的根本。因此,企业团干部在日常工作时,要用伯乐的慧眼,注意从青年身上发现"闪光点",不但注意发现优秀青年身上的"闪光点",而且要善于发现一般青年和后进青年身上的"闪光点",博采众人之所长,广纳百川之涓流,做到知人善任,调动大家的工作积极性,充分发挥利用他们的优点与长处。只有靠众人的添柴,企业共青团组织这团火才能烧旺。

7. 勤于总结,找出工作的侧重点

总结工作有评说昨天,指点今天,展望明天的功效。勤于总结工作,能及时吸取工作中的成功经验和失败教训,减少工作中的盲目性,增强工作的自觉性。勤于总结也是做好企业共青团工作的重要手段。勤于总结要把握好两个侧重点:一是对工作中出现的过失,要及时以党和国家的方针、政策为准绳,认真检查、分析,找出问题的根源,总结出经验教训,使今后的工作有所启示和借鉴,少走弯路和不走弯路。同时,要放下思想包袱,从失败的桎梏中解脱出来,振奋精神、轻装上阵。二是对待工作的成绩,要一分为二辩证地予以评价,从中找出规律性的东西,并以此发扬光大。同时,要看到"山外有山,楼外有楼"。不能躺在成绩的"功劳簿"上沾沾自喜,要百尺竿头,更进一步。只有不断总结,勤于总结,提高工作质量,才能提高工作效率。

五十八、培养团干部组织管理能力的方法

组织管理能力是共青团干部不可缺少的能力,它关系到团干部能否制定出适合的正确决策;关系到能否设计和建立合理的组织结构、制定及执行一套必要的规章制度,把各方面的成员组织起来,发挥组织管理的职能;关系

第一章 共青团工作方法

到决策目标能否实现及实现的程度。组织管理能力的培养并非朝夕之间就可速成，而是在长期的工作中逐渐积累而成的。共青团干部在工作中可依照以下四步来培养自己的组织管理能力：

1. 倾听。一名优秀的组织管理者首先要具备的，就是倾听的能力，从倾听中寻找工作对象的需要、寻找团队的目标与需求、总结工作的方法与经验等等。共青团干部要想培养组织管理能力，首先要做的，就是学习如何当一名好听众。共青团干部不能自己闭门造车，而要认真、虚心地倾听同行、群众，尤其是青年的意见，并从中不断学习、充实自身。擅于倾听的组织者容易使群众产生亲切感而更敢于亲近，共青团干部如果能够设身处地地耐心倾听群众的倾诉，以群众立场来思考或感觉，也必能得到群众的爱戴与信服。这也是组织管理能力培养的第一步。

2. 思考。如果说倾听是一个知识不断填充、信息不断丰富的过程，那么思考则是将这些知识、信息不断分类、梳理、整合的过程。在这一过程中，共青团干部一方面要能够尽量综合群众的意见及想法，再经过分析整理，得出最具有代表性的结论。对于看似相互对立或矛盾的意见，团干部要能够求同存异，分清主次矛盾，并做出正确的决策。另一方面，团干部要能够辩证地整合团队中其他成员的意见与想法，并在这一过程中对团队中的其他成员进行详细的了解，以协调各方的力量与利益，做出最好的方案以及最适合的安排。

3. 阐明。团干部的思考所得必须能够向领导同志、普通青年和其他成员阐明，将其思考具体化，才能将其投入实践。清楚阐明自己观点的过程往往是以语言文字为媒介，这就决定了团干部要注意语言文字的运用方式与技巧，后面的沟通能力中将做具体的阐述。

4. 认同。对于团干部来说，如果一项工作或目标不能被群众接受，并转化为群众自己的目标，那么这项目标的实施就会遇到障碍。只有那些获得了广大群众以及同志认可的目标，才能充分调动他们的积极性、主动性和创造性，使目标得到切实有效的贯彻和执行。

组织管理能力是各级共青团干部不可缺少的重要能力之一，在团干部的整个工作过程中起着至关重要的作用，也是决定团干部是否能够利用好宣传策划，发动广大群众、动员同志队伍，协调多方关系，动用丰富资源以实现目标的重要因素之一。因此，团干部必须在工作与学习中有意识地培养自己的组织管理能力，不断进步。

五十九、培养、选拔团干部的方法

建设一支高素质的团干部队伍，不但是做好共青团工作的重要因素和现实需要，也是关系到党的事业未来发展的大事。

1. 放宽视野，选拔团的干部

培养高素质的共青团干部，入口是关键。在选拔团干部时必须坚持高标准，严要求，把那些思想政治素质好、科学文化水平高、组织领导能力强、政绩突出、群众公认的优秀年轻干部选拔进入各级团的领导班子。同时进一步放宽选拔团干部的视野，广开渠道，发掘人才，不仅要注重从党政机关选拔，而且要注重从企事业单位、学校中选拔，改进选拔方法，可以实行公开竞选、直选等形式，把最优秀的青年干部选拔到共青团工作岗位上来。放宽视野选拔团干部必将有利于团干部的交流，无论对团的事业，还是对团干部个人成长都是极为有利的，并且会逐步形成团干部"进、出、再进、再出"的良性循环。放宽视野选拔团干部要站在造就担当合格接班人，特别是政治上优秀接班人的高度来给予重视，从而建设一支年纪轻、政治素质过硬、文化层次高、综合能力强、发展潜力大的团干部队伍。要健全和完善团干部的双重管理机制，进一步有针对性地完善和细化团干部队伍建设相关政策，加强对政策贯彻落实情况的检查、监督。同时也应把团干部队伍建设情况作为各级党委加强年轻干部队伍建设的一项重要考核指标，由团委定期向党委组织部汇报有关情况。完善团干部考核制度，通过考核，表扬好的，批评差的，鞭策落后的，从而充分发挥考核结果对团干部的激励和约束作用，促使团干部始终保持一种奋发向上的良好精神状态。

2. 立足团的岗位，加强团干的锻炼

共青团是所大学校，是培养人才的地方，每一位团干部都要珍惜团的工作，勤奋做好团的工作。共青团是党的助手和后备军的政治属性能使团干部在政治品质上得到很好的锻炼，政治理论水平得到提高，责任意识不断加强，讲学习、讲政治、讲正气的自觉性大大增强。同时团的工作内容广泛，能使团干部在组织协调、写作表达、应变交际等方面得到很好的锻炼，知识面不断拓宽，分析问题和创造性地解决问题的水平不断提高，综合能力不断加强。要通过建立联系基层制度，切实加强团干部的思想作风建设，让理论联系实际的作风扎根，让密切联系群众的作风扎根，让真抓实干的作风扎根，让创新开拓的作风扎根。实行团干部定人、定时、定点联系基层制度，规定每月一般至少应有一天为下基层调研日，并将有关结果与对团委书记的考核紧密结合起来。要对团干部强化实践锻炼。一是选送到复杂环境锻炼。可以坚持每两年从县级机关选派一批基本素质好，有培养前途，但缺乏基层工作经历的优秀团干部到乡镇或企业进行挂职锻炼，帮助他们在实践中磨炼意志，增长才干。二是到市、县级综合部门进行上派锻炼。坚持从县直机关、乡镇、街道选调团干部到市、县级综合部门上派挂职的做法，帮助他们开阔视野，扩大知识面，提高政策水平和宏观思维、决策能力。三是抽调优秀团干部参加政府的中心工作，如减负化债、招商引资、文明城市创建及各种思想教育活动等工作。通过这些工作，帮助他们熟悉、了解党的中心工作，提高从政治、全局高度分析、思考和处理问题的能力。

3. 着眼未来需要，培养团干部

对团干部的培养不能仅仅满足于做好眼前的共青团工作，无论是团干部个人，还是各级党组织都要树立起着眼于党的事业未来发展需要的未来意识，有针对性地加强对团干部的培养，解决好这个问题也是保证共青团干部出口畅通的重要条件。各级党的组织部门要把共青团干部作为党的年轻干部的一个重要组成部分，把共青团干部的选配、培养、输送纳入干部队伍整体建设规划之中，并且要针对团干部特点，加大培养力度，加速培养步伐，突破单纯的共青团组织培养共青团干部的框框，培养出不仅能满足共青团工作现实需要，而且能适应党的事业长远发展需要的团干部。部分团干部思想观念方面的模糊，很大程度上源于理论上的不成熟。团干部参加各级党校系统培训的机会并不多，这在一定程度上影响了团干部理论素养的提高。为此，应由党委组织部门和共青团联合实施团干培训计划，将各级团干部的政治理论培训纳入党的各级干部培训序列，提高各级党校中青年干部培训班和青年干部培训班中的团干部参训比例，切实增强团干部理论培训的系统性和针对性。要按照学习要精、要管用的要求，紧密联系改革发展的实际和学员的思想、工作实际，培养学员对理论的运用和对实际问题理论思考的能力，切实提高理论学习的实效。要严格教育管理，对优秀团干部要逐人设计培养方案，进行跟踪培养，发现问题及时提醒，做到教育在前，防止在前。要教育团干部正确对待组织，正确对待群众，正确对待自己。对一些思想作风方面问题比较突出，经批评教育仍不改正的，要及时果断调整，促进团干部健康成长。

4. 服务大局，及时输送团干部

团干部的出口不畅，共青团这潭活水就活不起来，结果是培养一批经历单一的"老"干部。要解决好这个问题，党组织的重视和制定出具体的政策是非常重要的。金无足赤，人无完人。要树立发展意识，用干部要看本质、看主流、看发展。一个团干部只要基本素质好，本质好，就可以大胆地使用。要特别注意输送到恰当的岗位，充分发挥他们的作用。要敢于为他们说公道话。当然，对他们的缺点、毛病也不能迁就，要及时地、满腔热情地给他们指出来，帮助他们改进。当然对团干部的转业问题，也要有正确的认识。一方面，共青团组织必须树立大局观念，不能仅仅怕影响团的工作而不舍割爱；另一方面，团组织在为团干部做好推荐和争取待遇工作的同时，要做好团干部的思想工作，在团干部转业问题上要做到量体裁衣。作为团干部本人必须加强锻炼，使自己具备输出条件，要正确认识自己，把自己想干什么，能干什么和组织需要什么很好地结合起来，要把解放思想、转变观念真正体现到树立正确的"进步观"上，要敢于向艰苦和创新挑战。要使团干部队伍呈现优秀人才不断输送、有潜力人才及时补充的良好局面，就必须切实加强各级团干部后备队伍建设，形成完整的梯队建设体系。各级团委领导班子都要坚持按照一定比例配备后备干部人选，形成序列，并适时调整、适时滚动，建立动态滚动调整机制，并争取引起县委的重视，就各级团组织向党组织积极举荐优秀团干部工作制定相关实施细则，确保"高进、严管、优出"落到实处，促进团干部队伍建设的健康发展。

六十、打造一支作风优良的团干部队伍的方法

1. 要加强党性修养。组织和推动各级团干部认真学习中国特色社会主义理论体系，坚定对马克思主义的信仰、对社会主义和共产主义的信念、对实现中国梦的信心。教育各级团干部认真学习党的历史，深刻理解党的根本宗旨、优良传统、历史使命，紧跟党为中国特色社会主义事业而奋斗。

2. 提高业务本领。要在全团大兴学习之风，推动广大团干部既深入学习党的路线方针政策和团的业务知识，又有针对性地学习掌握推进工作所需的各种知识。大兴调查研究之风，注重加强对全团全局性、根本性、战略性问题的研究，不断探索推进工作的新途径。要努力做到问需于青年、问计于基层、问效于社会，不断增强工作的针对性。

3. 锤炼良好作风。要按照党中央统一部署，扎实开展以为民务实清廉为主要内容的党的群众路线教育实践活动。教育引导团干部牢固树立群众观点，密切与青年的联系。加强团干部管理，要求各级团干部严于律己，防微杜渐。

六十一、引导青年心系社会的方法

社会的发展需要社会各个阶层的人员的共同推动和努力，其中青年作为最具朝气和活力的群体，在社会的发展过程中具有不可替代的作用。首先，从数量来讲青年是社会群体的重要组成部分，社会的发展少不了青年的参与；其次，从影响力来看，青年最容易接受新事物且大都处在社会各个阶层的第一线，对社会的发展具有更强的敏感性，能够快速地做出反应进而对其他群体产生影响。因此，要引导青年正确关注和参与社会发展，树立在社会生活中的榜样作用。

第一，引导青年成为一个文明礼貌的人。文明礼貌是中华民族的传统美德，是人们在社会公共生活交往中，互相尊重、谦虚恭敬的表现；在社会生活中，人们往往把文明礼貌看作是一个国家或民族文明程度高低与否的重要标志；对青年个人而言，文明礼貌是衡量青年道德水平高低和有无教养的重要尺度。

第二，引导青年成为一个助人为乐的人。助人为乐精神，是中华民族的优良道德传统之一，在社会主义社会中，助人为乐表现为对他人的照顾、关怀和体贴，表现了社会主义的美好人际关系。当代青年要不断发扬助人为乐精神，乐于关心人民群众的利益，培养志愿精神，热心社会公益，要对社会中的困难群体和脆弱群体给予特别的帮助。

第三，树立爱护国家公物意识。爱护公共财产和公用设施是保证社会公共生活正常进行的前提条件，是维护社会公共利益的实际行动。公物是国家和人民根本利益之所在，爱护公物，集中地反映了青年对国家、集体利益的关心，表现了青年爱祖国、爱社会、爱人民的崇高道德品质。

第四，树立保护环境意识。保护环境是当前社会发展的一项重要内容，当代青年应该成为环境保护的倡导者和捍卫者。

第五，树立遵纪守法意识。对于青年个人来说，纪律和法律都是一种约束行为的准则，当代青年只有遵纪守法，积极扮演中国式现代化建设中的合法公民角色，才能真正实现青年发展与推动社会进步的目标。

此外，需要加强青年员工的家庭美德教育。家庭是社会的细胞，是人们社会生活的基础组织形式。家庭为人们的生存提供了最基本的环境，并为青年的社会化创造了最基本的条件。

六十二、引导青年提升理论学习的方法

第一，正确认识理论学习的含义。理论学习分为组织学习和个人自主学习。组织学习是指组织、导师、领导向青年传授先进思想和科学理论，通过理论著作、文章刊物的学习、解读，加强青年的理论基础，提高理论素养。个人自主学习是受教育者根据个人的需要和追求，通过各种渠道，采用灵活多样的方式学习接受先进思想和科学理论。无论是组织学习还是自主学习，都不是知识的灌输，而是主动地接受学习的内容。

第二，正确把握理论学习的原则。一是理论学习的内容要"新、精、活"。新，是指内容更新，要富有时代气息，能反映时代特征、时代精神和时代风貌。精，是指内容要精湛，真正做到"少而精"，重点突出，既有一定理论高度，又紧密结合实际。活，是指内容要充分运用现实中的人、事、物，抓住不断涌现的典型事例和先进人物的事迹作为活的教材，以宣传正面典型为主，同时，也要批判社会生活中那些不道德的行为，有破有立，相得益彰。二是理论学习要坚持理论联系实际的原则，切忌"空"对"空"。三是理论学习要坚持短期效应与长期效应的统一。既要突出重点，抓住关键，也要着眼于长远，注重知识的系统性。

第三，理论学习要采取多样的、灵活的方法。学习方法要力求生动、多样。如知识竞赛、专题讲座、征文、学习论坛等，都有益于在青年中营造勤于思考的学习氛围，培养青年自主、自觉的学习意识；同时，座谈、交流等手段，也有助于青年员工认清对国情、对自我岗位的认识；社会实践对于理论学习的重要意义更不能忽视。

六十三、引导青年树立终身学习观念的方法

1. 帮助青年认识终身学习是适应社会急剧变化的客观需要。社会总是在不断地发展变化，但从没有像今天变化得这样快。过去需要几代人完成的变化，现在不需要一代人，甚至每几年就面临着一个新的世界。在这种急剧变化的社会中，人们少年时所形成的思想观念、习惯、思维方式等往往跟不上时代的变化。现实强迫人们要不断地做出新的认识和判断，尽快获得认识和解释时代的能力，坚持学习，保持与时代的平衡。

2. 帮助青年明白终身学习是面对知识增长的必然选择。伴随着以数字化、网络化为特征的现代信息技术的突飞猛进，新知识呈现出爆发性增长。知识量猛增，而知识的更新周期越来越短。这就要求每个人都必须把学习贯穿自

己的一生，活到老学到老。

3. 帮助青年了解终身学习是经济发展对劳动者的迫切要求。新技术、新产品和新的项目层出不穷，评价劳动者就业能力的标准在不断提高。一方面失业在增加，另一方面又有许多工作岗位找不到合适的就业者。避免自己陷入结构性失业的唯一出路，就是不断地学习，不断地提高，让就业的过程成为一个永无停止的学习、提高的过程。

4. 引导青年合理、有效地利用休闲时间。正确利用休闲时间，拿出较多的时间、精力和金钱来充实自己、提高自己，是当代青年面临的重要选择。

六十四、引导青年进行家庭美德建设的方法

一是尊老爱幼。尊老爱幼是我们中华民族的传统美德，我国的国情和家庭观念要求青年在自己的家庭中担负起这两项工作。在社会主义社会里，老年人应普遍受到尊敬，尊敬老人是每个青年应尽的责任；爱护孩子，关心儿童，是通过家庭教育来实现的，青年要树立科学的家庭教育观，帮助儿童健康茁壮成长。

二是坚持男女平等。男女平等是宪法赋予我国公民的一项基本权利，也是婚姻法中的一项重要原则。男女平等在婚姻关系上，是指男女双方在婚姻关系和家庭生活的各个方面，都具有同等的权利和义务。当代青年要正确认识男女平等是社会主义婚姻家庭制度区别于封建婚姻家庭制度的一个重要标志之一，同时也要认清当代青年妇女在精神文明建设中的重要地位和作用。

三是促进夫妻和睦。夫妻和睦是家庭美德建设的重点。当代青年应该努力按照家庭美德中道德规范的要求，将自己的婚姻建立在真挚的爱情基础上，要做到正确行使婚姻自主的权利。夫妻关系是一种最基本、最重要的家庭关系，是构成人伦关系的根本，也是家庭美德建设的重点。

四是勤俭持家。勤俭持家就是勤劳、节俭地过日子。这是中华民族的传统美德，是持家之法宝，是个人、家庭、民族、国家生存和发展的必要手段。勤俭持家要求青年在实现尊老爱幼、男女平等、夫妻和睦等家庭道德规范的前提下，反对拜金主义和享乐主义，杜绝挥霍浪费行为。

六十五、引导青年爱岗敬业的方法

尊重和珍惜工作岗位，既是谋生的需要，更是实现职业发展的需要。对青年而言，不管是履行好岗位职责、在竞争中站稳脚跟，还是充分展现自身

能力素质、实现自身价值，工作岗位都是最基本、最重要的平台。只有对自己的工作岗位心怀尊重和珍惜，才能拥有立身、创业的坚实基点。虽然人的生存和发展需要是多样性的，是不断变化的，一个人对工作岗位的需求会随一个人的成长进步和社会的发展而变化。但是，作为一个理性发展的青年，必须学会调整和处理好自己的理想期望与现实工作及生活之间的关系，通过分析权衡，正确地认识自己，正确地对待岗位工作，找准自己的定位，切实立足本职，发挥好自己应有的作用。做到爱岗敬业，实现个人价值与企业价值的统一。

第一，引导青年懂得劳动创造财富、奋斗成就人生是朴素的真理。不管是翻阅历史，还是纵观现实，具有普遍性的事实是，大到国家民族、小到企业个人，成功的道路上向来荆棘坎坷相伴，从来都需要付出辛勤和汗水。只有靠自身扎实的劳动和奋斗获取财富才是最可靠、最持久的。"一嫁而富""一夜暴富"只是投机性的希望，寄希望于此只能带给自己怨天尤人的烦躁和痛苦。此外，青年应该懂得艰辛和付出不仅是一种磨难，也是一种精神的收获。

第二，引导青年正确认识岗位与自身的关系。岗位与员工自身是辩证统一的关系，没有岗位的发展就不会有员工自身的成长。同样，没有员工的努力也就不可能有企业的发展，两者是相辅相成的。员工不要认为自己努力工作仅仅是为了单位，要知道自己的努力工作不仅是对自身的锻炼，也同时是对自身很大的促进。员工在每一个岗位上都能做出不平凡的成绩，都能造就成功的职业生涯。

第三，引导青年远离思想困惑，在企业的成长过程中实现自我价值。社会的急剧变迁和经济的跨越式发展，使青年生活在快节奏的生活方式中，进而容易自觉不自觉地陷入茫然，也往往让青年在激烈的竞争中无所适从。解决这一问题，关键是树立正确的人生观、世界观，用科学的方法论来指导自己的思考与实践。

第四，引导青年爱岗敬业，从一点一滴做起。在现实生活中，大多数人都是在平凡的岗位上默默无闻地做着自己的本职工作，为企业和社会的发展奉献着自己的力量，也就是我们通常说的"爱岗敬业"。通俗地讲，爱岗敬业就是热爱自己的本职工作、恪尽职守，敬重自己所从事的工作并对工作力求精益求精。一个人，一旦爱上了自己的职业，他的身心就会融合在职业工作中，就能在平凡的岗位上做出不平凡的事业。爱岗敬业是一种人生态度，它决定了我们是不是值得信赖、是否能勇担责任。爱岗敬业不是一句空话，需要我们践行职业操守，立足本职、踏踏实实、一点一滴，认真负责地做好每一项工作任务，积极承担起岗位赋予自己的职责，有效地处理工作中的问题，把每一件工作中看起来很小的事情做好、做精、做细。这样，我们的工作才能出更多的成绩，自身的能力也才会有所提高和突破，个人也因此会拥有更加宽广的发展空间。可以说，爱岗敬业是造就成功职业生涯的必由之路。

六十六、引导青年爱党爱国的方法

中国共产党是中国工人阶级的先锋队，是中国特色社会主义事业的领导核心，坚持党的领导是实现中国式现代化的根本保证。中国共产党的领导核心地位，是人民赋予和历史造就的，是人民的选择，历史的必然，是中国社会发展的选择和要求。作为当代青年，坚持正确的政治方向，就是要热爱共产党，拥护共产党。

首先，要通过红歌、红色影视、红色书籍、红色圣地等多种载体了解和学习党的历史。"以史为镜，可以知兴替"，认真学习和熟悉中国共产党的历史后，就会发现真正的光荣和高尚最终属于那些为了人民的事业而忘我奋斗和无私奉献的中国共产党人。一个人的成功，不仅需要丰富的知识，更需要正确的世界观、价值观。一个国家的兴旺，不仅需要历史的机遇，更需要一代接一代的奋斗努力。尤其是年轻人，必须加强学习，增长知识本领，锤炼意志品质，提高思想境界，与信仰对话，才能与时代同行。只有不断从党的历史中汲取力量，我们的党和国家前进的脚步才能更坚实有力。

其次，要特别重视学习党的基本理论。理论是实践的先导，党的理论是保持党的先进性和领导核心地位的基础保障。青年在成长过程中，要注重学习党的理论。

最后，要坚定共产主义理想信念。信念是一面旗帜，能够给人以奋进的动力，给人发展方向的指引，也能够给人社会行为的规则。共产主义信念是对共产主义的坚定信仰、深厚感情和为共产主义理想而奋斗的坚强意志的集中表现。

热爱祖国是中华民族的儿女们对祖国的一种深厚感情。这种感情一脉相承，成为中华民族的光荣传统，是千百年来，中华民族自尊自信、奋发图强的旗帜。

第一，要使青年切身地感受到祖国就在身边。祖国，这个最为神圣的名字，她不仅永远存在于我们心中，她还是可视可嗅、可触可靠的真实存在。

第二，要引导青年学习、认同中国的历史与文化。热爱祖国是中华民族的儿女们对祖国的一种深厚感情。这种感情一脉相承，成为中华民族的光荣传统，是千百年来，中华民族自尊自信、奋发图强的旗帜。伟大的民族，辉煌的文明，光辉的历史，自然使她的子孙为她骄傲，为她自豪，并对她产生深深的爱恋之情。这种爱国深情始终是激励各族人民维护统一、抗击外敌、艰苦奋斗、自强不息的力量源泉。

第三，要引导青年爱祖国，奉献青春，以振兴中华为己任。祖国在经济飞速发展、科技急剧更新的时代，面临着多种严峻挑战，国家发展仍然面临着巨大的压力。在这种挑战和压力面前，当代青年如果缺乏时代的紧迫感，国家在同他国的竞争中将会缺乏新鲜的血液注入，竞争力的提升将会愈加地乏力。因此，当代青年必须明确国家发展面临的挑战和压力，明确在党的领导下共同努力的目标，明确自我奋斗的方向，在为祖国和人民事业的奋斗中实现自己的人生价值。

第四，培养青年大局观念，引导其正确表达爱国热情。爱国是国民最基本的品质，爱国主义业已成为政党、集体、团队乃至一个阶段性的历史事件的基本的价值衡量尺度，也是一个人做每一件事的基本道德评价标准。然而，爱国必须要有正确的表达方式，如果对爱国主义热情不进行正确的引导，在某些热情催化下的负面不良情绪容易被一些别有用心的人利用而误入歧途，以致出现各类狭隘的民族情结，这在一定程度上偏离了爱国的轨道，不利于国家的发展、社会的稳定。历史证明，任何发展进步，都需要有一个和平、稳定的发展环境。同时，爱国热情的表达绝不仅仅是上街、游行，表达愤怒。作为当代青年，真正应该做的是将爱国的热情体现在坚持不懈地从小事做起、从身边事做起上，体现在本职工作中。

第五，引导青年理解与支持政府在维护国家根本利益上的立场和导向，正确看待当前中国存在的问题。在国家良性发展，维护人民群众的根本利益方面，党和国家是与人民群众高度统一的，一些年轻人习惯依据自己的直接感受，甚至简单地根据自己的收入、境遇以及与他人相比时的不公正感等，来质疑党和政府的工作是十分错误的，也是不公正的。

六十七、引导、帮助青年学习现代科技知识的方法

科学技术知识是一种能引导人们奋发图强、积极向上、充满生机与活力

的精神力量。引导、帮助青年学习现代科技知识,是时代的需要。

1. 大力倡导科学精神。要引导青少年了解自然世界,了解科学的一些重要概念和原则。学会用科学的知识和科学的思维方法思考个人和社会问题,学会尊重自然规律和自然世界的统一性,要反对各种各样的封建迷信活动,宣扬科技是第一生产力的思想。要使青年明白一个基本道理:只有掌握科学技术知识,通过艰苦奋斗,才能学会新的劳动生产方式,提高劳动生产率,用同样的时间和投入,生产出比过去多十倍、百倍的产品和价值,为社会创造更多更好的财富。

2. 开展丰富多彩的科普活动。根据青少年的特点,用他们易于理解和能够接受的方式,以培训、讲座、展览、阅读、视听或娱乐等雅俗共赏的形式来普及现代科技知识。引导和鼓励青少年积极参与和从事课外科技活动,通过科技制作、科学实验、科学讨论等实践活动,激发他们对科学的兴趣,为进一步的学习和发展打下良好的基础。

3. 充分发挥宣传阵地的作用。充分利用团组织的青年科技图书站、小刊物、网络平台等宣传阵地,宣传科学精神,传播科技知识,将最新的科技信息、实用的知识技能及时普及青年中去。尤其在农村以及一些条件较差的地方,更要充分发挥这些阵地的作用,把它们建设成向青年介绍现代科技知识的重要窗口。

六十八、帮助青年提高学习能力的方法

人的素质构成包括先天的生理特征,也包括后天获得的长期稳定的品质结构。素质教育注重全面提高公民思想品德、科学文化和身体、心理、带动技能素质,强调培养能力、发展个性。但素质教育并不是仅仅在学校里就能够完成的,就人的素质的主要方面看,主要是在实践活动中形成的。所以,共青团能够发挥自己在实践中育人的优势,结合教育改革的新形势和青年学生学习的新特点,不断深化大学生社会实践活动和中学生实践教育等活动,增强青少年对新知识的敏感性和探索欲,发现和解决新问题的洞察力和创造力,提高他们的自主学习能力,为实施全面素质教育做出贡献。

首先,要把深入开展社会实践与端正青少年的学习目的结合起来,强化青年一代为国家繁荣富强而发愤读书的学习动力。要通过深入厂矿、街道、农村的各种实践教育,让广大青少年了解改革开放和社会主义现代化建设所取得的辉煌成就和前进道路上的困难,使他们深切体会到一种社会责任感和

历史使命感激发起强烈的学习热情。

其次，要通过广泛的社会实践引导青少年拓宽知识面，学会在实践中发现问题、思考问题。社会是一个广阔的课堂，许多鲜活的知识是难以从书本上和课堂中得来的。团组织要积极动员社会力量，尽可能多地创造条件，让更多的青少年有机会走进社会，读社会这本无字之书。要引导、帮助青少年学会观察、了解社会，从中发现问题，培养他们敏锐的视角和深刻的洞察力，掌握从纷繁的世界中收集和筛选信息的能力。

最后，要创造条件，鼓励青年用自己所学的知识为广大群众解决实际问题。理论联系实际的学风是中国共产党的优良传统，组织、引导青年学生奔赴城镇乡村，开展实用技术培训、科技服务、文化、卫生下乡等活动，既可以锻炼青年对知识的实际运用能力，也能够解决人民群众生活中的困难。

六十九、企业共青团服务和帮扶青年的方法

共青团是党领导的先进青年的群众组织，是党的助手和后备军，它应具有比一般的社会组织青年团体对青年更强的吸引力及更高的服务水平，既要为全体团员服务，又要为广大青年服务，要牢固树立服务意识，始终从服务青年的角度来评价和审视团的工作，坚持把包括团员在内的全体青年作为自己的服务对象，坚持把竭诚为青年服务作为共青团一切工作的出发点和落脚点。

1. 满足青年多样需求，促进员工个人成长

当代青年成长发展的环境发生了深刻变化，青年的需求更加广泛、具体。要全面把握青年身心健康、个人成长、事业发展、社会参与和权利表达的不同需求，深入研究政府、市场和社会组织服务青年的总体供给机制，找准共青团的工作切入点，实施工作项目，把服务青年的工作进一步做深做实。在关心服务青年工作中，要对当代青年成长发展需求进行深入分析，当代青年的需求包括身心健康、学习成才、职业发展、恋爱婚姻、社会参与、权利表达、文化娱乐等七个方面。

第一，身心健康。面对严峻的经济形势、就业形势，青年员工往往承受着巨大的工作压力，适时开展心理辅导和心理咨询对于青年心理健康是十分有必要。一方面要注意观察和收集青年员工的心理情况，建立干预机制，对于症状一般的青年要向其所在部门反映情况，争取得到照顾，对情况比较严重的青年要请专业的人士进行适当的心理干预；另一方面要创造条件，比如

第一章 共青团工作方法

组织各类体育活动、郊游活动,设立情绪发泄室等,让青年员工在工作之余能够放松身心。

第二,学习成才。不断地更新和补充知识是青年做好本职工作、争取上进的必备功课之一。共青团要根据青年的这一需求,为青年员工搭建学习与成长的平台。其一,建立青年学习成长小组,将有相关共同学习需求的人组织起来,共同学习,共同提高;其二,建立与相关部门的协调机制,针对企业普遍需要的技能或知识培训,协调有关部门共同邀请相关的老师进行专门的培训;其三,成立网络或实体信息传播平台,适时发布相关知识技能的最新动态;其四,有条件的企业可以设立青年员工学习成长帮扶基金,提供物质保障。

第三,职业发展。从企业和青年来看,职业发展的概念则有两个方面,一是指个体逐步实现其职业生涯目标,并不断制定和实施新的目标的过程;二是指组织用来帮助员工获取目前及将来工作所需的技能、知识的一种方法,简单地说,就是组织对企业人力资源进行的知识、能力和技术的发展性培训、教育等活动。从本质上看,青年的职业发展实质上就是职业生涯规划,也是个体逐步实现职业目标与企业对青年的培养,两者之间形成一个良性互动的、而达到共赢的过程。

第四,恋爱婚姻。情感和归属的需要是人的基本需求中必不可少的一部分。在企业生产建设的大潮中,越来越多的青年人才投身于其中,成为企业生产建设的主力军。然而,随着工作生活节奏的加快、竞争环境和工作压力的日益激烈,这些青年人才错过了交友、恋爱的时机,交友、恋爱问题成为有些企业青年最亟待解决的问题。因此,从青年员工的实际需求出发,牵线搭桥,为青年员工搭建了一个广阔而文明健康的交友平台是企业团组织必须做而且必须做好的一件事情,它直接关系到青年员工未来的幸福问题。

第五,社会参与。从社会学的角度来看,社会参与主要包括政治参与和经济文化活动参与。政治参与是指通过一定的方式和渠道来影响政治过程的行为。包括参与政治组织及其活动、关注政治生活以及同政治相关的事件等。事实上,青年中申请入党的比例是比较高的,共青团要积极做好推优入党工作。同时,积极尝试进行团委书记、副书记公选活动,给广大青年一个参与团组织建设的平台。经济文化活动参与主要表现为就业的需求以及参与社会公益活动的需求。在这方面各级各类团委积极为青年的创业就业创造条件,大力扶持企业青年公益事业的发展,为青年参与经济文化生活搭建平台。

第六，权利表达。青年是社会的一个重要群体，是推动社会建设和发展先锋力量，为我们的社会主义现代化建设做出了极大的贡献。青年人的权利表达与青年人的权益维护是紧密相连的。

第七，文化娱乐活动。随着社会进步和人民生活水平的不断提高，当代青年的生活环境越来越优越，物质生活的满足必然带来精神生活的需求，青年人对文化娱乐生活的要求越来越高，文化娱乐生活成为青年人生活中一个不可或缺的部分。同时，文娱活动也是青年员工放松身心、缓解压力的重要方式。企业共青团要在场地、经费、人员组织等方面给予最大的支持和帮助。

2. 提供人力物力支持，服务青年日常生活

企业员工承担着巨大的工作压力，工作内容单一、业余生活简单、生活成本高等都使得青年员工的健康发展受到极大的影响。共青团要充分发挥自身的能力，整合各种资源，从物质和精神各个方面关注青年员工的日常生活，支持青年员工的健康发展。

第一，争取物力、财力支持，与工会合作，大力鼓励青年自组织的发展，鼓励青年在业余时间根据自身的兴趣爱好或实际需求，成立互助共同体。团组织要大力指导和帮助这些团体的发展，在争取经费、协调活动场地、组织活动各个方面加强指导和帮扶。

第二，要关注青年员工的日常生活，对生活中有困难，如怀孕、生病或是遭遇其他变故，要积极组织人力、物力和财力帮助青年渡过难关。要在青年员工中倡导互帮互助、相互关心的氛围，让团组织成为帮助青年解决困难的战友和依靠。

七十、企业共青团维护青年权益的方法

维护青少年合法权益的职能在团的工作格局中占有非常重要的位置，同时它有实现职能自身的工作方式。从权益工作的内容看，一方面，涉及的往往是法律法规等制度力量，打交道的往往是立法、司法、行政等部门；另一方面，涉及的往往是普遍性的权益问题，打交道的往往是数量庞大、情况复杂的规模性群体。此外，维护青少年合法权益工作具有非活动性的特点。权益工作本质上不是以搞活动的方式来推动的，而是需要长期深入调研，经常与有关部门沟通协商、讨论研究、交流情况、交换意见等。当然，有些维权工作内容也是需要搞活动的，比如新法律法规出台时需要在全国范围内进行宣传，青少年法律意识、公民意识、自护意识等的培养，也需要一定的活动

第一章 共青团工作方法

载体。随着中国经济持续增长和社会全面进步，青年在生存健康、受教育、劳动就业、公共参与、婚姻家庭、社会保障、文化娱乐、法律保障等方面享有的合法权益得到更充分的实现与保障，有力地促进了青年的全面发展。

共青团是青年组成的先进组织，代表和维护青年的合法诉求是团的工作的内在要求。共青团要密切与青年的联系，加强与工会和其他相关部门的联系，拓宽青年员工合理表达诉求的渠道。

第一，可以建立企业青年状况制度化通报制度。将一段时间企业青年员工的相关情况形成书面的材料送达企业领导层和相关部门。

第二，建立特殊情形下的应急处理制度。在遇到特殊情况或企业将有重大的决策做出时，团组织可以进行专项的调查，收集青年的意见和诉求，为处理相关问题或企业决策提供依据。

第三，设立青年意见诉求表达信箱，随时随地接收青年的意见和诉求，并协调有关部门积极回复。

第四，建立与相关负责人"面对面"制度。对青年比较关注的普遍问题，可以适当时间安排相关部门负责人与青年代表面对面座谈，搭建意见和诉求的直接表达渠道，充分表达出青年的想法和愿望。

第五，企业团组织要联合工会、人事等相关部门，共同保护青年员工的劳动权利。

七十一、批评教育团员青年的方法

批评作为对团员青年不良思想行为的教育手段，是一种否定性评价。如果批评的方式不当，严重地挫伤团员青年的自尊，就可能使团员青年产生消极情绪，不仅影响批评效果，还可能导致逆反心理，使以后的教育更难开展。因此，在对团员青年进行批评时要讲究批评教育的艺术。

1. 批评与自我批评相结合

批评与自我批评是党的三大作风之一，共青团是党的助手和后备军，在团内开展正常的批评与自我批评，不仅是坚持和发扬党的优良传统的重要方面，而且也是加强团员教育和团的自身建设的有力武器。金无足赤，人无完人，一个团员在其成长的道路上难免会有曲折，这就需要团组织给予关心、帮助和教育。通过团的组织生活，开展批评与自我批评，就是针对团员的思想实际和出现的某些问题，展开讨论，澄清模糊认识，分清是非，引导团员经常审视自己的思想言行，不断修正自己的思想行动轨迹，做到防微杜渐；

同时，针对犯错误的团员，进行实事求是的分析，展开批评，纠正错误，使犯有错误的团员正确认识自己的错误和正确对待团组织的处理，端正态度，改正错误，继续进步，同时也使全体团员从犯错误的团员那里吸取教训，接受多方面教育。

2. 从青年自尊需要的取向入手

从青年自尊需要的取向入手可以从以下几个方面来努力。一是要幽默话语巧批评，用幽默的方式说出严肃的真理，比直截了当地提出更能为人接受。幽默是智慧的表现，它可以给人们带来精神上的愉悦，幽默批评是重语轻说，一语中破，让团员青年在诙谐、愉快中接受批评，改正缺点。适当地运用幽默可以在批评与被批评之间形成一种和谐气氛，使后者对此形成心理相容，在心理上比较容易接受批评意见。二是要哲理故事重启发，在批评某种错误的认识、看法、做法时，在批评某一方面不良的嗜好、不良的风气时，不直言其事，而是借助于寓言故事、历史典故、轶闻传说来讽喻说理；或借助于批评类似现象，引起对方联想、比照；或讲个小笑话，启发对方去思考，去感悟，从而达到批评的目的，这样可以启发青年自我反思更有利于其改正错误。三是要贬行褒用促悔改，人们习惯上总是把批评看作贬义，一些青年犯错的行为被看作贬行。面对青年的一些过激的行为，有的人不够冷静，常用挖苦的、刻薄的、极易损伤自尊心的话批评学生。这样，被批评的青年就会产生仇视的思想和自卑的心理，在错误的道路上越滑越远。相反，若是扬长避短，贬行褒用，会有意想不到的效果。明话暗说，贬行褒用让犯错的学生明白事理，体会团干部的良苦用心而增强改过的信心。四是因人而异施刚柔。刚：在平时要讲原则，不迁就其错误的思想行为。柔：要讲感情，尊重他们的自尊心。每个团员青年的性格各不相同，他们对批评的承受能力也不一样，对不同性格不同性别的青年进行批评要运用不同的方法。对那些认识能力、判断能力较差，而性格又比较犟的青年，应以诚恳、平和、热情的态度去帮助和引导他们，适时地并采用适当的语言指出其不足之处，心平气和地同他商讨不良行为引起的不良后果以及纠正的方法，使其感到老师的诚恳批评是对自己的关心和爱护，进而改正错误。一把钥匙开一把锁，批评常常要因人而异，把以刚制柔、以柔克刚、刚柔并济的方法运用得恰到好处。

3. 表扬与批评相结合

即使最温和的批评，也是对青年的否定性评价，表扬时对积极因素的肯定和赞扬，包括宣传先进思想、先进事迹，表彰和奖励模范人物，适度的表扬能促进青年的积极性和自尊心。由于青年自尊体验的极端性,批评以后,很可能产生诸如自卑、意志消沉、情绪低落等消极反应,团干部应细心观察这些变化,一方面要教育其正确对待批评;另一方面要对其批评后的进步,哪怕是微小的进步,也应给予鼓励性评价。这样,团员青年就不至于因自尊体验的极端性走向团员教育意愿的反面。

七十二、加强对团员意识教育的方法

1. 团员意识教育要坚持正面教育为主。团员意识教育的目的在于教育引导团员提高团员的思想素质,因此,它不仅是对团员思想进行纠偏和防范,而且是要启发、引导团员根据社会的发展,进一步加深对团员责任感、使命感的理解,不断完善自己的思想观念。这就要求团员意识教育要从团员思想中的积极因素入手,珍惜团员思想中那些健康正确的观念因素,坚持正面的教育,使团员通过理论学习和运用理论认识、分析现实问题,分清是非,提高觉悟,自觉确立团员意识,成为符合时代要求的共青团员。

2. 团员意识教育要面对现实,敢于讲真话。团员意识是对客观实践的反映,因此,团员意识教育必须立足于现实社会环境,既要用我国社会生活的巨大变革教育团员,又要正视社会生活中的各种矛盾,解决团员现实的思想认识问题,使团员在全面认识问题的过程中,分清主流和支流,增强推动社会前进的历史使命感。

3. 团员意识教育要为团员创造更多的实践机会。团员意识的确立来自对实践的反映,同时,又要通过实践去体现。因此,开展团员意识教育,必须把理论灌输和开展丰富多彩的实践活动结合起来,为团员创造更多的实践机会,使团员的思想和行动得到统一,使团员意识教育不断深化。

4. 团员意识教育要坚持经常化、制度化。团员意识需要一个逐步确立的过程,因而,团员意识教育只有建立起内容上由浅入深,循序渐进,时间上互相连贯的稳定教育体系,才能走上系统科学的轨道。这就要求团支部必须把其作为一项长期的任务,常抓不懈,形成制度,经常不断地进行卓有成效的教育,保证团员意识教育任务的完成,使团员意识真正转化为广大团员的自觉行动。

第四节 特色活动

七十三、思想政治理论学习类活动组织与实施的方法

组织青年员工学习党和国家的主要方针、路线、政策及一些重要会议、重要领导人讲话的精神，在团员青年中进行共产主义教育是共青团的日常工作之一。共青团中常见的思想政治理论学习类活动主要有以下几种形式：

1. 报告会。报告会是利用专门集会所提供的讲台和场所来宣读和书面交流研究的一种会议形式。思想政治理论学习的报告会一般为邀请相关会议或活动的参加者在讲述参与的过程中解读相关政策和会议精神。

2. 座谈会。座谈会是由专业的主持人以非结构化的自然方式对一小群对象进行的交流与访谈。座谈式的会议往往氛围比较轻松，在主持人的引导下大家围绕一个主题进行比较自由的讨论。

3. 学习讲座。讲座一般为邀请某一专业人士就某一专业知识、技巧进行介绍或培训的学习形式。思想政治理论学习的讲座一般为邀请相关领域的权威专家对某一专题的政策或会议精神进行解读。

上述三种形式往往具有严肃性和程序性的特点，是一个较为正式的活动，往往具有严密的组织性，活动的氛围较为严肃，且一般有着较为固定的程序，不同的阶段会有不同的主题和任务。此外，相对于其他活动而言，思想政治理论学习类活动主题更鲜明，政治性更强。

思想政治理论学习类的组织和实施应注意的几个问题：

1. 无论是报告会、座谈会还是学习讲座都必须要特别重视主持人的选择。主持人既是活动时间和流程的控制者也是引领者，主持人能力的高低往往会直接影响整个学习活动的运作与实际效果。在座谈类的会议中主持人尤为重要，主持人必须要有较强的引导能力、倾听能力和控制能力。

2. 思想政治理论学习类活动开展前要确立三项重要内容：

（1）学习的形式。不同的学习形式有不同的效果，当然，学习形式的选择也会受到诸多因素的影响，如人数很多时就不适合采用座谈会的形式。

（2）学习的材料。根据学习的主题安排学习所需基本材料，于学习开始前发放学习人员熟悉的议题并作为自己的参考，这能够提高学习效率和学习质量。

（3）学习的人员。一是学习活动的一般参加人员；二是特邀的主讲嘉宾、点评嘉宾等重要人员。

思想政治理论学习类活动的一般组织流程是：确定学习主题→安排学习日程→确定学习人员→邀请嘉宾老师→安排学习场所→发布学习信息→准备学习材料→开展学习活动→总结学习成果。

七十四、技能竞技类活动的组织与实施的方法

效益是企业的生命，技能提升是提升效益的一条重要途径，技能竞技活动不仅能够促进青年员工成长，更为企业的发展进步加油鼓劲，对促进企业的生产建设具有重要的作用。技能竞技活动形式十分丰富，如青年岗位能手、操作能手、技能创新赛、小机械小设备设计赛、疑难技术问题处理赛等。

技能竞技类活动的组织分为三个阶段：

1. 赛前准备

（1）赛前宣传动员及报名活动；

（2）核实比赛器具的准备及现场记分员、监督员的安排；

（3）设置公开透明、公正公平的计分和评分制度。

2. 赛中安排

（1）注重安全措施发挥效用，维持现场秩序，防止出现混乱。

（2）发挥监督、督查人员的作用，保证比赛纪律。

3. 赛后总结

（1）将技能总结和活动总结相结合，及时推广活动中的特殊技能。

（2）积极表彰优胜者，推广其工作方法和工作态度，达到提升技能、树立模范、激励生产的目的。

七十五、评选先进奖励优秀类活动的方法

评选先进奖励优秀是开展思想教育的另一个重要活动载体，通过对先进组织、优秀个人的评选表彰，有利于彰显正确的价值观念、政治取向，有利于激励青年员工积极向上、不断进取。目前，企业共青团活动中常见的评选先进奖励优秀活动有：

1. 优秀团组织和优秀团员评选。优秀团组织和优秀团员评选是共青团组织的传统评选、表彰活动，通过评选确立典型、树立榜样。活动大多由上而下进行考核和评比，针对一定的时间段（通常是一年）的工作表现进行评选，

是比较正式的评选活动。

2. 杰出青年评选。杰出青年指在某一领域内卓有建树、成绩显著的青年才俊。对杰出青年的评选有利于调动最广大青年的积极性，表彰优秀、肯定优秀。

3. 青年岗位能手评选。

4. 青年文明号评选。

除上述以外，各个企业都有一些结合企业自身特点或青年的兴趣点举办的多种多样创新的评选活动。

评选先进奖励优秀类的活动一般具有以下几个特点：（1）以公正、公平、公开为原则。只有建立在公正、公平、公开的原则上，才能评选出真正服人心、树先锋的优秀个人或组织。（2）有明确的评选标准。评选标准不仅为评选活动提供了具体依据，使评选结果真实可靠，同时也为落选的个人或组织提供努力方向。（3）充分考虑群众意见。只有尊重并积极听取群众意见，才能既有依有据地评选出名副其实的先进，又起到调动群众积极性的作用。（4）严格的程序性。制定规范的流程并依次落实是评选类活动的必然要求。

评选先进奖励优秀类活动的组织和实施一般应注意以下几个事项：

1. 评选项目。确立评选项目是评选活动的第一步，对评选目的进行分析和考察，获得确立项目的初步方向，再根据具体实际情况、结合创新思路和创意成果，最终确立评选项目。如"节能达人""岗位红人"等。

2. 评选标准。考核机制的设立应充分考虑各方面影响因素，力争覆盖到评选项目所涉及的各个方面，同时应积极吸纳最广泛人群的意见和建议。考核机制应与时俱进，根据具体情况的变化而进行调整，以适应最新的要求，切忌本本主义和教条主义。

3. 评选程序。程序性强是评选活动的特点之一，制定合情合理的评选程序是评选类活动能够有序进行的必要保证。评选程序基本要素是候选人推报、正式候选人确定、投票选举或民主评议、确认入选阶段、公式、最终确定。不同的评选项目根据具体情况的不同对程序有不同要求，这一点可根据具体需要进行调整和增删，但程序的严密性、透明性、公正性是基本要求。要重视评选过程的透明性。透明地评选不仅督促组织方公正地开展工作，同时也增强了评选结果的说服力，使得群众对结果更认可。

4. 正确对待民意和质疑。对评选过程中的民意活动，组织者应该持以积极的态度，及时听取群众意见并进行妥善考虑，切不可一叶障目、刚愎自用。

同时，对于工作过程或结果的质疑，不可消极回避或强行屏蔽，主动回应质疑、解决质疑才是解决问题的正确态度，否则容易将问题越抹越黑，以致产生冲突矛盾，远离了初衷。

七十六、体育健身类活动的方法

体育健身活动形式多样，如球类、棋牌类、田径类、武术类、体育舞蹈类、趣味运动项目类竞技等。体育健身活动既可缓解工作疲劳、预防职业疾病、增强身体素质，也可为青年员工提供一个交流的平台，帮助青年员工养成良好的生活习惯。一个有特色的体育活动会得到广大青年员工的广泛认同，如某公司团支部推出夫妻档趣味运动会，使员工在竞技的刺激中也感受到浓浓的夫妻情和企业情，受到极大的欢迎。

有条件的企业团组织还应该经常组织体育竞技活动，体育竞技活动一般包含三个阶段：

1. 赛前准备：（1）赛前宣传动员及报名活动；（2）核实场地、器械、人力资源、安全措施等的落实情况。

2. 赛中安排：（1）注意各环节负责人的责任落实，争取面面俱到，包括抽签、计分等细节问题；（2）有一定的预测意识，注意活动进行中可能出现的意外情况，及时采取措施预防并积极有实效地解决问题。

3. 赛后总结：（1）及时召开总结会议，有针对性地对活动中的突发情况进行总结并提出意见和建议；（2）总结应点面俱到，重视细节问题，落实责任。

体育建设类活动大多都需要提前做好安全保障准备，尤其是竞技活动均涉及人员的大量集中，基本的安全设施如灭火器等须提前设置以备不时之需。加强安全防范的另一措施便是现场秩序的维护，可设置专门安保人员，或放置安全提示。这需要组织者对活动的安全性和可能出现的意外情况进行详细的预测和估量，以保证现场安排周密、万无一失，安全第一是举办活动始终需坚持的首要原则。

七十七、联欢交友类活动的方法

（一）联欢交友类活动的主要形式和特点

共青团联欢类活动主要采用的形式有：（1）小联欢。这是以情感交流为目的而组织起来的一种较为轻松的聚会方式,适合比较小型的团体组织。活动的内容多种多样,可以是 K 歌、游戏等。(2)文艺演出。文艺演出包括为纪念各种活动和节日的大型联欢会,以及各种汇报或慰问演出,是联欢类活动的典型代表。文艺演出是个系统性的活动,往往具有场面较大、参加人数较多、节目较多的特点。(3)舞会。舞会是西方一种正式的跳舞的集会,参加者要穿着晚礼服等正装,整场舞会中很大的一部分由交际舞构成。在各式各样的社交性聚会当中,号召力最强、最受欢迎的恐怕要首推舞会了。实际上,舞会也的确是人际交往,特别是异性之间所进行交往的一种轻松、愉快的良好形式。舞会,一般是指以参加者自愿相邀共舞为主要内容的一种文娱性社交聚会。在优美的乐曲、美妙的灯光、高雅的舞姿的相互衬托下,人们不仅可以从容自在地获得自我放松,而且还可以联络老朋友,结识新朋友,进一步扩大自己的社交圈。

联欢类活动是青年喜闻乐见的活动,可以在传递快乐的同时为青年提供一个展示自我、互动交流的机会。相对于其他类型的活动而言,其具有以下几个特点:

1. 节目的娱乐性。联欢活动,一个"欢"字从某种意义上说明它是一种娱乐活动,无论是各种晚会或是小型的 K 歌活动,它都以一定的艺术化节目贯穿始终。青年是一个多才多艺的群体,是一个充满活力和激情的群体,青年对音乐、歌曲、舞蹈、小品等文艺活动具有极高的兴趣,因此,节目的娱乐性成为联欢类活动的一个必然的方向和选择,是联欢类活动贴近青年特点和需求的一个重要体现。

2. 过程的互动性和积聚性。联欢类活动,一个"联"道出了该类活动的第二重要特点,即活动过程中的互动性和积聚性。这种互动性既有如舞会、交谊会上直接的互动交流,也有晚会、汇报演出中的舞台上与舞台下的间接的交流。互动交流有利于活动气氛的整体协调,有利于极大地调动青年的激情和潜在的爆发力,互动交流得越深,往往越能掀起活动的高潮。

3. 内容的多样性。联欢类活动尤其是联欢晚会、汇报演出等等,往往具有丰富多彩的节目,各种形式的才艺活动集中地展示在一个充满欢乐的舞台上。歌曲、相声、小品、舞蹈、戏曲等各种表演都可以成为联欢活动的主角,将联欢活动推进高潮。在一般的联欢会上,节目的数量都会超过十个。

(二)联欢类活动应注意的几个问题

第一,节目编排。大部分的联欢类活动都是节目表演的海洋,即便是形式较为单一的舞会也会存在着不同风格的曲目，或即便风格相同也会存下多首曲目，而一般不会存在一首曲子贯穿始终的情况。这就涉及不同节目、不同曲目的编排工作。一般的联欢类活动应该有一条主线将整个活动按照一定的顺序串联起来。此外，联欢类活动一般都具有开场、高潮、尾声三个部分，这三个部分的节目如何安排是联欢类活动策划实施的一个重要问题。

从内容的构成来说，联欢类活动主要由各种节目和游戏及抽奖组成。节目有以下几种：（1）歌曲类节目。歌曲类节目是联欢类活动中最常见的类型，主要包括独唱、对唱、小合唱、大合唱等不同的类型。此外，现在各大联欢类活动中歌曲的联唱、串烧也经常出现，往往还会收到比较好的效果。（2）语言类节目。语言类节目往往是整个活动中比较容易出彩和引起笑点的节目。此外语言类节目往往比较适合表演者根据单位的特点或活动的要求进行创造或改进，让节目更加贴近观众的现实生活。语言类的活动主要有小品、相声、双簧等形式。（3）戏曲类节目。戏曲类节目在一般的联欢活动中往往并不多见，但一旦活动中出现戏曲类的活动，往往就会让人感觉到这场活动的内容是很丰富、具有一定层次的。此外，能唱家乡戏曲的人往往会受到格外的欢迎。（4）舞蹈类节目。舞蹈类节目，尤其是比较火爆、劲辣、动感的舞蹈节目往往能充分激发活动现场的激情和热情。因此，在整个活动的过程适当穿插一些舞蹈节目能够使整个活动保持一个良好的氛围。此外，这类舞蹈也往往被用作开场，以带动现场的气氛。而那些优美的舞蹈则是提高活动层次的一个重要的砝码。游戏和抽奖是活动组织过程的一个重要的调节项目。一个好的游戏或抽奖环节往往也能掀起活动的高潮。比较适合联欢类活动中组织的小游戏要考虑活动场地、时间，以及活跃气氛。以下几个小游戏供参考：

1. 纸杯传水：分组5人一组，每组站成一列，在规定时间内，用嘴咬着纸杯传水，倒在各组的玻璃杯子里，看哪组的水多获胜。纸杯若干、矿泉水、两个大一些的透明玻璃杯。

2. 寻宝总动员：6~10人，分成2—3组，主持人说出若干件物品，宣布计时开始，各组成员可分头在5分钟内在台上台下寻找这些物品，时间到各组成员回到台上把收集到的物品放到本组托盘内，凑齐数量最多的小组获胜。（寻宝物品参考：纯白头发一根、一元硬币一个、名片夹一个、鞋带一根、镜子一块等）托盘若干。

3. 击鼓传花：击鼓声起，观众传花，鼓声落，花落谁手，谁出节目，赠送奖品。音乐、毛绒花、奖品。

4. 踩气球：两人一组配合，把气球绑在两人腿上，在规定的时间内每组互相踩腿上的气球，最终剩余气球最多的胜出。气球若干、绳子、音乐。

第二，场地布置。组织开展联欢类活动，离不开一定的活动空间。场地布置与环境的美化对活动本身具有很强的视觉影响力和感情穿透力。花团锦簇、彩灯闪烁的会场，给参加活动者一种强烈美好的感受。因此，在组织联欢类的活动时，一定要注意环境因素的作用。联欢的会场还可悬挂一些彩条和灯饰。摆放一些花卉对烘托会场的气氛也很有好处。会场可装饰得活泼热烈些，利用多种色彩的灯光渲染气氛，效果最好。会标的字体可用美术字，夸张变形的拼音文字等来表现喜庆欢悦的气氛。当然环境的美化，既包括活动场所内的美化，也包括与活动场所相关的通道和区域的美化，其目的也在于制造一种整体的喜庆欢乐氛围。

第三，主持人选。联欢类活动具有极强的娱乐性和互动性，活动的现场往往比较激情热烈，活动的性质也往往需要主持人能够跟得上甚至是去引导和激发这种热烈。因此，联欢类活动对主持人的选任具有极高的要求，一般要求主持应有比较出众的外貌和口才，有较强的感染力和控制力，甚至要求主持需要具备一定的幽默感和才艺基础。

第四，安全预案。联欢类活动极强的娱乐效果和互动效果往往会致使场面高潮起伏，容易产生挤压碰撞等情形。同时，现场的绚丽灯光甚至是烟火，加之场地的封闭性和人数众多，可能会产生火灾隐患。因此，活动现场的安全问题必须得到深刻的重视，做好安全预案。首先，对场地进行合理的划分，预留安全出入通道。其次，对入场的人数要进行控制，防止人满为患。再次，准备备用照明设备和必要的急救药品和物品。最后，设置专门的安全保障小组，在出现突发情况时，可以及时出动，引导疏散活动的参加人员，并与相关部门确定及时的联系，进行救援活动。

（三）联欢类活动的组织与实施

1. 小联欢活动的实施

这一类型活动往往规模较小，随意性也比较大。因而，活动的场面不大，参与者也不多，但气氛热烈、欢快，互动较为方便、深入。该类活动的实施只要有专门的一两个人负责即可。活动的实施过程中要充分考虑每一个参加的心理感受，尽量让每一个人都融入活动的激情中去。

第一章 共青团工作方法

2. 文艺演出的实施

（1）准备阶段：大力度加强宣传动员。文艺演出相对于一般的小联欢活动规模更大、更正规，其对节目的要求也更高。大力宣传动员的主要目的是让更多的人知道从而前来观看。此外，在工作过程中，各级各类青年团组织的很多文艺演出活动都是面向青年征集节目。因此，加大宣传和动员的另一个目的就是鼓励和挖掘青年中才艺突出的人才，挖掘出质量更高、更好的节目。

节目的编排和搭配要合理。文艺演出是各类节目的一个综合体，如何合理编排和搭配节目将直接影响到活动的整体效果。一般来说应注意以下几个问题：第一，各类节目要穿插进行；第二，开场节目应根据主题选择感染力比较强的节目，以便奠定整场活动的气氛基础；第三，应适当地加入一些小游戏或抽奖环节；第四，活动的整体时间不宜过长，一般以不超过两个小时为宜。总的来说，节目的编排要有起伏、有节奏。

主持人和串词要提前确定。该类活动主持人的选任具有较高的要求，一般要求主持应有比较出众的外貌和口才，有较强的感染力和控制力，甚至要求主持需要具备一定的幽默感和才艺基础。此外，串词也一定要提前准备好。串词要生动、亲切、有趣味，可以抓住表演节目的特点，采用多种表达方式，引发观众的兴趣。

场地及物资要到位。文艺演出的场地布置应根据主题的需要布置，比如节日晚会就需要布置得红火一点儿、喜庆一点儿。此外，尤其要注意的是对灯光和音乐的调试，防止活动进行中出现意外。

进行必要的彩排。文艺演出是多个节目的集合，因此每个节目之间的连接十分重要，同时节目对场地、灯光、音响也有较高的要求，因此一般的文艺演出都需要到现场彩排一下，有些大型的重要的活动甚至需要多次彩排。

（2）实施阶段一是要注意过程控制。要严格控制每个节目的时间以及各个节目之间的衔接。一般而言，每一个节目应在前两个节目之前就做好集合和出场准备。要设置1~3人专门负责与各个节目的演出的联系工作，防止演出人员不到位的现象。二是要应急预案。文艺演出对现场的灯光和音响具有较高的要求，一旦出现问题便会影响整个活动的效果，因此要加强这一方面的检查工作，同时要准备适当的备用资源，比如可以多准备几个备用的麦克，等等。

3. 舞会的实施

舞会的实施跟文艺演出一样，也要安排好舞曲的搭配、布置好场地。同时对现场的灯光和音响也要给予特别的重视。舞会是一个比较高雅的活动，参与者在舞场之上均需检点个人的行为举止，注意自己的临场表现，时时处处遵守舞会的礼仪规范。对一般人而言，约束自己在舞场上的表现，主要是要注意修饰、邀人、拒绝、舞姿、交际五个方面的基本问题。这里主要介绍一下修饰和邀人。

第一，修饰。参加舞会必须进行必要的、合乎惯例的个人形象修饰。要保持面貌的整洁干净，进行适度的化妆，男士务必剃须，女士在穿短袖或无袖装时须剃去腋毛。着装必须干净、整齐、美观、大方。有条件的话，可以穿格调高雅的礼服、时装、民族服装。若举办者对此有特殊要求的话，则需认真遵循。特别需要强调的有两点：其一，务必注意个人口腔卫生，认真清除口臭，并禁食气味刺激的食物。其二，外伤患者、感冒患者以及其他传染病患者，应自觉地不要参加舞会，否则不仅有可能传染于人，而且还会影响大家的情绪。

第二，邀人。舞会上，邀请他人与自己共舞一曲，是其参加者必做之事。邀请舞伴时，最好是邀请异性。通常讲究由男士去邀请女士，不过女士可以拒绝。此外，女士亦可邀请男士，然而男士却不能拒绝。根据惯例，在舞会上一对舞伴只宜共舞一支曲子。接下来，需要通过交换舞伴去扩大自己的交际面。邀请他人跳舞，应当力求文明、大方、自然，并且注意讲究礼貌。千万不要勉强对方，尤其是不要出言不逊，或是与其他人争抢舞伴。邀请往往也是有顺序的，在较为正式的舞会上，根据舞会礼仪的规定，人们除了要与自己一起来的同伴同跳开始曲、结束曲，或是可以酌情自择舞伴之外，下列一些女士，也是男宾应当以礼相邀，共舞一曲的。她们主要包括：一是舞会的女主人；二是被介绍相识的女士；三是自己旧交的女伴；四是坐在自己身旁的女士。

七十八、调研类活动组织与实施的方法

没有调查就没有发言权，调研工作是共青团工作决策的基础和依据，在团的全局工作中具有十分重要的地位和作用。作为一名企业团干部，你不了解本企业青年的情况和特点，是无法开展有针对性的工作的；活动之前不开展一些基础的调研，是无法预测活动的效果的。

第一章 共青团工作方法

（一）调研类活动的种类和特点

共青团社会调研活动，是指团组织应用科学的方法，对共青团工作、青年工作及其相关工作情况进行考察，系统地收集并分析资料来了解情况，从而提出解决对策的活动。

根据不同的维度，调研可以分为不同的种类：（1）根据对调查对象反映的范围的不同，可以划分为概况调查和专题调查。概况调查也叫综合调查或普遍调查。主要是对调查对象的基本状况进行调查。这类调查一般是就某一地区或单位而进行的。往往涉及政治、经济、文化、人口、地理、历史等各个方面的基本情况。专题调查则是围绕某个问题的调查。这个问题可以是典型经验、专题情况、新生事物、先进事例或存在的问题等，这类调查往往材料具体，针对性强，具有很强的说服力。（2）根据调查对象反映的内容不同，可以分为总结经验的调查、反映情况的调查和揭露问题的调查。总结经验的调查是对实践中涌现出来的具有普遍指导意义的典型经验的调查。它主要是把感性的现状或发生的事件上升为理性认识，然后用以指导实践。反映情况的调查是对某一方面进行专题调查。这类调查的专题明确、材料集中具体、针对性强，具有说服力。往往是为了了解情况、研究问题、制定政策或计划提供依据而所做的调查。揭露问题的调查是用调查到的大量事实揭露某一问题的实质，以引起人们的重视，达到弄清是非的目的。（3）根据调查目的的不同，可以分为理论研究型调查和实际建议型调查。理论研究型调查是为了提出或补充或证实或证伪某个理论观点而进行的调查。无论是资料的收集还是理论观点的提出和论证都特别讲究方法。是为科学研究服务的。实际建议型调查是为提出某种工作或政策建议而进行的调查，大多属于专题调查。目前，企业共青团的调研活动一般为专题调查、反映情况的调查和实际建议型调查，其主要目的是摸清某种情况、找出某种经验或问题，再加以宣传或解决。

调研类活动一般具有以下几个特点：（1）社会性。社会调研是对社会的某一现象所做的调查，从某种意义上说，社会调研是时代的一面镜子，从各个不同的侧面客观地反映社会情况和问题。社会调研得到的结果会对社会各方面具有指导意义，其所揭露的问题对社会各方面也会具有警戒作用。（2）针对性。社会调研总是针对某一种具体实践或实际问题而写作的。通过对客观事物的真实反映来表达作者的立场观点和思想倾向。（3）真实性。任何社会调研的目的都是了解客观实际、发现问题、解决问题、掌握规律。调查的生命在于用事实说话，材料的真实和准确是首要的。调查一定是对材料进行科学处理和认真核实鉴别的，而不是道听途说的。（4）典型性。典型事物最能反映一般事物的本质与规律。社会调研往往是为了了解某个问题、解决某个问题，因此需要恰当地选择典型。

（二）调研类活动应注意的几个问题

1. 调研主题的选定。除了常见的企业青年思想状况、党建带团建工作经验等工作性质的调研外，还应从青年的需求和喜好的角度去设计一下调查研究活动。比如，青年阅读习惯的社会调查、青年职业诉求的调查，等等。还可以从引导青年关注国家、关注社会的角度设计一些让广大企业青年朋友都能实际参与的活动，如对某区域环境状况的调查、青年对某事件的反应等的社会调查，相信一定可以受到广大青年的热烈欢迎。此外，共青团作为党组织的助手和连接青年的纽带，往往会承担大量的如纪念党的生日、纪念五四运动、学习一些会议的精神等政治任务。而在应对这些任务时大部分共青团组织都是通过一些座谈会、讲座之类的枯燥形式了事，青年不仅提起兴趣反而越来越觉得团组织形式化严重。而这时如果能做些社会调研，诸如对某些革命老区、纪念地点的考察，让青年走出去，一定能收到极好的效果。

2. 调研类的活动内容的确定。调研类的活动内容的确定主要包括以下几个方面：（1）描述。了解情况是社会调研类活动的第一个步骤，只有了解了所要调查事物的基本情况才可以进行下一步的工作。例如，在对青年的需求的调查中，第一步便是通过问卷或访谈的形式了解青年需求的一些基本的情况，得到一些描述性的事实；在对某某地区环境进行调查时也是通过观察、走访等形式得到对这一地区的描述性的事实。（2）解释。解释是对表面的描述性事实进行的分析和研究，找出描述性事实存在的原因或依据。例如，企业青年普遍对培训的需求较大，那么调查者就要对这一现象进行深入的调查和分析，找出青年需要培训的原因以及需要何种培训。（3）预测。预测是在充分分析描述性事实的基础上，对这一描述性事实的发展方向和影响范围进行合理的预测。比如青年的培训需要，如果青年的培训需要来自几个人自身素质的欠缺，那么可以预想这种现象的影响范围将基本不会扩大；而如果青年的培训需求来自企业生产技术改进、业务范围的扩大，那么此时便可以预见到随着单位生产和业务的进一步发展，这种需求将会越来越大。（4）对策。

对策是对描述和预测的反应。社会调研的一个基本的职能便是通过调查发现需要、发现问题，因此根据问题的对策便成为社会调研类活动不可缺少的一部分。对策的提出一定要具体并具有可操作性，不能是假大空。

3. 社会调研的形式的选择。形式主要有普查、抽样调查、典型调查和个案调查四种，其具有不同的特点，适合不同的调查需求。

普查亦称全面调查，是在一定时空范围内，一次性地对研究对象的全体逐个调查，目的在于了解事物的共性，把握事物的发展趋势。这种调查方法获得的资料全面，可以了解全部调查对象的相关情况，准确性高，但工作量大，费时、费力、费钱，组织工作复杂；容易产生重复和遗漏现象；调查的内容有限，只能了解必不可少的基本情况。

抽样调查是一种非全面调查，是从全部调查研究对象中，抽选一部分单位进行调查，并据以对全部调查研究对象做出估计和推断的一种调查方法。抽样调查工作量要比普遍调查少得多，节省时间、人力和财力。抽样调查可以十分迅速地获得资料数据。抽样调查可以收集比较详细的信息，获得内容丰富的资料。

典型调查是从研究总体中有意识地挑选出少数具有代表性的对象进行调查，以达到了解总体的特征和本质的方法。典型调查要求搜集大量的第一手资料，搞清所调查的典型中各方面的情况，做系统、细致的解剖，从中得出用以指导工作的结论和办法。典型调查适用于调查总体同质性比较大的情形。同时，它要求研究者有较丰富的经验，在划分类别、选择典型上有较大的把握，能够比较容易地找到何为典型。此种调查形式可以选择工作中好的经验、做法、突出人物等进行调查，及时总结，推广。

个案调查是指对单一对象进行深入细致研究的方法，研究对象可以是一个人、一个机构、一个村庄等。个案调查虽然深入、全面，但调查资料却难以标准化，一般只做定性研究。

4. 调研方案的设计。方案的设计需要把握两个原则：一是实用性原则，方案撰写要简单易懂便于操作实施，特别是调研采用的方式需要说清楚，最好制订一个详细的分阶段的调研步骤。方案每一项具体详尽，做到量化细化。二是弹性原则，方案不要定得过严，过死。比如，上级制订方案时，可能对基层有些情况不熟悉，有些地方没有考虑到，如果方案要求定得过严，对下一级团组织情况不太适用。三是可行性原则，需要考虑综合团组织的人力、物力、财力等情况，确保调研活动的可行性。

(三) 调研类活动的组织与实施

1. 准备阶段。调研类活动的准备阶段要做到以下几点：一是对调研对象要有一个大概的了解，明确调研对象的基本特点。二是要提前结合此次调研需要达到的目的，规划出调研的重点方向和问题。采用问卷调研的，要提前设计好问卷；采取访谈法的要提前准备好访谈提纲。

2. 调查实施阶段。在调查实施阶段，挑选和培训调查员，根据方案抽取调查对象，分赴各调查点进行实地调查，收集资料。某种意义上可以说调查实施阶段就是资料收集阶段。资料收集主要有以下几种方式：

（1）问卷法。问卷是一份精心设计的问题表格，其用途是用来测量人们的行为、态度和社会特征，是调查研究中用来收集资料的主要工具。问卷一般包含封面信、指导语、问题、答案、编码等。其中问题是一份问卷的核心内容和主要内容，问题的语言应尽量简单，通俗易懂，不要使用复杂抽象的概念及专业术语。特别是到基层调研时，群众文化程度普遍不高，要注意问卷语言的通俗化。还有问题的陈述尽可能简短清晰，使回答者一目了然。问题要避免带有双重含义，一是明显具有不同的理解；二是一个问题中同时询问了两件事情。问题不能带有倾向性，不要用否定形式提问，不要问回答者不知道的问题，不要直接询问敏感性问题。

（2）访谈。访谈法又称访问法，是指在一定研究目的的指导下，访问者与被访者通过面对面交谈的方式了解实际情况的方法。

最常见的访谈分类是按照访问前是否拟定详细的标准化的访谈提纲，将访问分为结构性访问和非结构性访问。结构性访问是访问者在访问前，制定好详细的标准化的访谈提纲，对被访者进行访问。特点是：获得的资料便于比较和进行量化处理，能减少交谈中的主观成分，避免被访者含糊的回答或偏离访谈提纲的谈话。在进行结构性访问时，所有的访问员都要遵循事先制定好访谈提纲，按照一定的顺序提出问题，不能随意偏离访谈提纲。制定访谈提纲是进行结构性访问的一项重要工作。非结构性访问是访问者不依照某种统一的访问调查表，而是围绕研究的问题与被访者进行自由交谈。特点是交谈自然，可以深入了解多方面的情况。

按照一次被访问的人数分为一对一访谈和集体座谈法。一对一访谈是访问者围绕某个问题或访谈提纲单独访问被访者从而获得资料的一种方式。一对一访谈可以充分利用访谈者的技巧和经验，有针对性地深入了解需要的信息，但是比较费时。集体座谈法是一种邀请若干被调查者，通过集体讨论的方式了解实际情况的方法。在团组织进行社会调查活动中，由于时间效率高，座谈法经常采用。但是由于在场的一些人的影响，如其他座谈者、不同层级领导等，座谈对象可能有许多考虑，不便于发表一些不满、质疑等言论，会有所保留，以致得到的信息不够细致深入。所以在调研中，需要综合考虑各种资料收集方法的利弊，选择一种或多种方式收集资料。

（3）观察法。观察法是指研究者根据一定的研究目的、研究提纲或观察表，用自己的感官和辅助工具去直接观察被研究对象，从而获得资料的一种方法。用观察法时应注意以下原则：①全方位原则。在运用观察法进行社会调查时，应尽量以多方面、多角度、不同层次进行观察，搜集资料。②求实原则。观察者必须注意下列要求：第一，密切注意各种细节，详细做好观察记录；第二，确定范围，不遗漏偶然事件；第三，积极开动脑筋，加强与理论的联系。③必须遵守法律和道德原则。观察法直观性、可靠性强，但是受时空等条件限制，费时费力，表面性和偶然性概率高。

资料收集的方式很多，需要根据不同的情况和需求选择，可以几种方式结合在一起互补。比如，在农村进行青年创业就业的调查，可以采取问卷法、个别访谈法、座谈法等方式收集资料。资料回收后，对资料进行分析。其间可以开会讨论各组调研情况。

（四）问卷设计和调研报告的撰写

1. 问卷设计

问卷是最常用的调查方法，一份完整的问卷一般包含几个方面：封面信、指导语、问题、答案、编码等。

（1）封面信是一封致被调查者的短信，作用在于向被调查者介绍和说明调查的目的即"为什么调查"、调查单位或调查者身份即"我是谁"、调查的大概内容即"调查什么"、调查对象的选取方法和对调查结果的保密的措施等。封面信一般两三百字最好，语言简明、中肯。

指导语是用来指导被调查者填答问卷的各种解释和说明，有些问卷填答方法比较简单，指导语很少，常常在封面信中用一两句话说明即可。比如"根据自己的实际情况在合适的答案号码上打钩"。有些比较复杂的问卷的指导语在封面信后，单独有个"填答说明"的标题，其作用是对填表的方法、要求、注意事项等做一个总的说明。

（2）问题及答案：这是问卷设计的主要内容。从形式看，问题可以分为开放式问题和封闭式问题。开放式问题是提出问题，不给被调查者提供答案，由被调查者自己自由填答的问题。如"你对团组织开展的活动有什么建议"。封闭式问题是提出问题时给出若干个答案，要求被调查者选择填答的问题。如"你是共青团团员吗？"这是一个封闭式的问题。开放式问题的优点是回答者可以自由发表意见，所收集的资料会很丰富，还可能有意外的发现；缺点是对回答者要求高，要求有较高的知识水平和语言表达能力。回答也比较费时费力，可能使回收率变低，同时回答较占时间，统计处理较困难。封闭式问题的优点是容易回答，节省时间，而且对文化程度要求较低，回收率高，也便于统计分析；缺点是缺乏自发性和表现力，问题答案容易有偏差也不易发现。研究者根据调查特点具体选用，一般在大规模的正式调查中，主要采用以封闭式问题构成的问卷。

（3）编码及其他资料：在以封闭式问题为主的问卷中，为了将被调查者的回答转换为数字，输入计算机进行处理和定量分析，需要对回答结果进行编码，即对每一个问题及答案用一个数字或字母作为它的代码。

2. 调查报告

社会调查往往是以撰写调查报告作为总结的形式的。调查研究报告是反映社会调查成果的一种书面报告，它以文字、图表等形式将调查研究的过程、方法和结果表现出来。其目的是告诉有关读者，对于所研究的问题是如何进行调查的，取得了哪些结果，这些结果对于认识和解决这一问题有哪些理论意义和实际意义，等等。

（1）研究报告的一般结构：

标题：①直接陈述研究对象或研究的问题，使研究的主要内容一目了然。如《当前大学生思想状况调查》。②以某种结论式的语言或判断句作为标题。如《择友不当是青少年犯罪的重要原因》。③以提问的形式作为标题。如《精神之花为什么会红》。④双标题——主、副标题。如《独生子女都是小皇帝吗？——对××市1000名小学生的调查》。标题的写法可以灵活多样，但标题要与报告内容相符，不能为了引起读者注意而使用超出报告内容的标题。

导言：主要说明所研究问题及研究的意义。包括研究的背景、研究问题及界定、研究的目的和意义。

方法：说明研究所采用的方式方法、研究工具等。包括文献回顾及评论，研究的基本概念、变量、假设和理论框架，资料的收集方法和资料分析方法。

结果：说明通过研究所获得的发现。

讨论：说明发现的结果具有哪些意义，还有什么收获或需要改进的地方。在撰写研究报告的讨论部分时，应该思考这样一些问题：从我们的调查研究结果中，能够得出一些什么样的推论？这些推论中，哪些同研究的数据资料结合得相当紧密？哪些则在较抽象的层次上同理论更加相关？我们的研究结果在理论方面和实践方面具备什么样的内涵和意义？

小结或摘要：对上述四个方面的简要总结。

参考文献：通常要在报告的末尾列出参考书目。这些书目是研究者在从事这项研究过程中所阅读、评论、引证过的文献。这样做一方面体现了科学、实事求是的研究态度；另一方面也为同一领域的研究者提供了一个参考的文献索引。

附录：研究过程中所用的问卷、访谈提纲等。

（2）调查报告的撰写一般分为四步：①确立主题。在一般情况下，调查报告的主题就是该项调查的主题，即调查报告所要反映的中心问题也就是整个调查的中心问题，二者往往是一致的。调查报告的主题就是调查报告所要表达的中心问题，它是整个调查报告的灵魂。②拟定提纲。如果说主题是调查报告的灵魂，那么这种提纲就是调查报告的骨架。拟定写作提纲的方法是对调查报告的主题进行分解，并将分解后的每一部分进一步具体化。③选择材料。调查报告所用的材料通常包括两方面的内容：一种是从调查中得到的各种数据、表格、事例等客观材料；一种是在这些客观材料的基础上通过分析、综合、概括所形成的观点、认识、建议等主观材料。二者相互联系、互相依赖，共同构成填充调查报告"骨架"的"血肉"。④撰写调查报告。撰写时通常要从头到尾一气呵成，这样做的好处是便于整个调查报告紧紧围绕所确立的主题来展开，使得调查报告在整体思想、体系结构、内容形式、行文风格等方面都前后一致、浑然一体。

七十九、社会公益类活动的组织与实施的方法

形式多样的社会公益活动，对于扩大团组织的社会影响，培养团员青年的社会公德，促进社会良好风气的形成都具有积极的意义。参加公益活动的意义和价值从根本上说是人性中真善美的体现，具体来说有以下三点意义：第一，参加社会公益活动可以让自己深刻感受到自己的价值；第二，参加公益活动可以帮助有需要的人群，增加他们的快乐和幸福感，让社会更和谐；

第三,在参与社会公益活动中,我们将增长社会知识,锻炼实践能力。

1. 开展公益活动应注意的几个问题

企业共青团在组织青年参与社会公益活动时要注意以下几个方面:

(1)要抓住有利时机。抓住有利时机开展活动,很容易把活动搞得有声有色。如新年、春节期间的拥军优属活动;全国植树节期间的绿化厂区、村庄活动;"六一"儿童节期间的为少年儿童做好事活动;"七一"和"十一"期间的慰问老干部、老党员、老英雄、老模范活动等,意义都很重大,也容易收到好的效果。

(2)要继承光荣传统。共青团组织在以往工作中创造并得到社会广泛承认的公益活动的内容和形式,如城市青年志愿者、保护母亲河等,我们要继承这些优良的传统,打造品牌和经典。

(3)要结合企业自身的特色。共青团是在组织青年员工参与社会公益的同时要注意与企业自身的特色相结合,比如图书行业的可以开展赠书活动、法律行业可以开展法律援助活动等,这样既可彰显自身的特色,发挥优势助人,也更容易得到企业领导的支持。

2. 公益活动应遵循的几个原则

(1)透明原则:公益活动是阳光型的活动,所以从开始到结束都应该在阳光下运行,只有阳光的才是健康的,才是持续不断发展的;

(2)自愿原则:只有自愿的才是发自内心的,也才是最珍贵的;坚持自愿参与、量力而行、自愿奉献精神是保证公益活动健康发展的基本途径;

(3)义务原则:有了透明、自愿的基础,义务就成了不求物质回报只求精神愉快、帮助他人的满足感并且升华人生意义的必然条件;

(4)平等原则:对于每一个参与爱心奉献的人士来说,同人之间以及爱心奉献和接受者双方没有社会地位高低贵贱之分,只有奉献精神上人格的统一;

(5)谨慎原则:尽量周密策划细致做事,抱着如履薄冰的心态做每一件善事,避免失误和伤害,让公益慈善事业影响最大化、爱心功利主义最大化。

第二章
团组织部门职能与团干部岗位职责参考

第二章 团组织部门职能与团干部岗位职责参考

一、团委的基本职能

1. 根据党委和上级团委的工作部署和要求，结合实际，起草团的工作计划；定期召开团委会和团总支工作例会，听取工作汇报和情况反映；传达上级有关文件、指示精神；布置研讨和检查工作；及时向上级领导汇报工作，反映情况。

2. 按照《团章》的要求，加强团的自身建设，健全和规范团的各项工作制度，做好新团员的发展培养工作、先进团支部的考核评比工作。

3. 深入学习、讨论、研究政治理论，努力推进政治理论学习。使广大团员树立正确的世界观、人生观、价值观。积极开展对团员青年的思想政治教育，及时了解团的工作动态，针对团员青年的思想状况，研究教育内容、方法和途径，适时开展形式多样的教育活动。

4. 利用文体活动场所，组织形式多样、生动活泼、富有教育意义、为青年所欢迎的文体活动，丰富青年的业余文化生活。

5. 抓好团的基础工作。建立健全团内各项规章制度；做好团员发展及管理工作，做好超龄团员的离团工作；抓好年度对优秀团员、优秀团干部和先进团支部的表彰工作，及时对违纪团员进行教育和处理。

6. 积极参与素质教育的实施，主抓青年的思想政治教育、科技创新和实践服务。用实际行动倡导积极向上健康的文化。

7. 维护和代表团员青年的正当权益，及时向上级有关部门反映团员青年的意见和要求，协助有关部门搞好教育和管理工作。

8. 加强培训和培养工作，抓好骨干队伍建设，做好向党组织推荐优秀共青团员作为发展对象的工作。

9. 指导各团支部开展工作，抓好团干部的队伍建设，切实关心基层团干部思想、工作、学习和生活。积极做好团的宣传工作，及时报道团内动态，反馈各种信息，加强与兄弟团组织的工作交流。

10. 加强对团委、兴趣小组指导、监督、帮助和管理工作。

11. 配合有关部门做好相关工作，积极响应上级党团组织各项工作号召。

12. 完成上级交办的有关团的其他工作。

二、团委办公室的基本职能

1. 根据团委的工作指示精神，协调好各部门的工作，使各部门工作互相配合，促进团结，顺利地完成各项工作。

2. 负责团委、团的上级组织及有关部门文件、通知、简报等的收集、整理、存档；负责团委各种数据资料保管存档（需要存档的资料包括：团中央、团省委、团市委、党委、行政及其他部门的文件、通知、简报；团委的文件、通知、简报及其他数据资料、会议记录、各种名单、交流材料）。

3. 负责团委信件的收发、处理；日常工作的协调、安排；会议的通知、记录考勤。

4. 负责团委各种文件、通知、简报、材料的撰写、打印及下发。

5. 负责团委各种物品及办公室用品管理，团的经费财务管理；团委办公室内务、内勤工作。

6. 负责部分外联工作，拓宽团工作的渠道和形式，通过与外部组织的交流和合作，建立对内对外联络簿。

7. 负责团委各种例会记录。

8. 负责"每月工作小结"的记载。

9. 每个月不定时向团委副书记汇报本部门工作开展情况。

三、团委组织部的基本职能

1. 负责管理发展团员。
2. 管理团员团籍及团员档案，并负责团费的收缴、管理和使用。
3. 负责团课教育，制订团课教育计划，以促进团员青年综合素质的提高。
4. 负责对团干、团员进行思想教育工作。
5. 对团员进行登记注册，负责团员教育评议工作和表彰先进及违纪处理。
6. 负责团员组织关系的转接，团员注册和组织情况统计，办理进步青年入团和超龄团员离团的工作。
7. 做好"推优"工作，积极向党组织推荐优秀团干、团员。
8. 负责统计并掌握团组织的基本数据资料。包括青年数、团总支（支部）数、团干部数，团员、团干部受团内奖励人数，办理超龄离团手续人数，团员中男女比例等。

四、团委宣传部的基本职能

1. 积极配合各部门开展工作，及时做好各方面的宣传工作。

2. 负责各类海报的书写和节假日宣传慰问活动。

3. 负责开展各种书法、绘画大赛，交流宣传工作的经验。

4. 把握舆论导向，通过策划、制作、宣传板、海报等宣传形式，宣传团委的各项活动及工作。

5. 负责收集、保管有关活动的录音及文字资料（报纸、杂志报道）；负责团委各种图书、报纸、杂志及其他各种内部刊物的管理及宣传设备的保管。

6. 积极收集、撰写有关教育资料，为基层开展教育活动提供参考。

7. 促进广大团员青年投身社会实践，培养团员青年奉献精神和艰苦创业的精神，使其在社会实践中不断充实完善自我，提高社会责任感和科学实践能力。

8. 搭起广大团员青年接触社会、服务社会的桥梁。

五、团支部的基本职能

1. 带头学习党的各项方针政策，了解国内外大事，及时传达党和上级团组织的工作精神，并创造性地贯彻落实。组织团员青年学习马列主义、毛泽东思想、邓小平理论、"三个代表"重要思想、科学发展观、习近平新时代中国特色社会主义思想等路线方针政策。

2. 主动关心支部每一个团员青年的成长进步，帮助他们解决学习、工作和生活中遇到的各种问题，向同级党组织和上级组织汇报请示工作，反映团员青年的思想情况和动态，并提出建设性意见。

3. 按照支部大会的决议，定期开展支部的各项活动，协调好各团小组的工作关系，促使各团小组之间、团员之间的密切配合，相互竞争，齐心协力完成支部的各项任务。

4. 对于落实上级团组织的决议，组织大型重要活动、选举新的支委会、选举出席上级团员大会代表、接收新团员、对团员的奖励和处分等重大问题，要在调查研究的基础上做好充分准备，提出初步意见，并提交团员大会讨论确定。

5. 拟订团员大会的工作报告，组织团员上好团课，负责开好支部扩大会议、团小组长和团员大会。

6. 做好团员的发展和教育管理工作，开好支部组织生活会，建立支部工作档案，负责团费的收缴和上缴。

7. 做好团员青年的思想政治工作,把培养团员青年具有坚定正确的政治方向放在第一位,充分发挥思想政治工作的保证作用。

8. 向党组织推荐优秀团员作为党的发展对象。

六、团委书记的岗位职责

1. 主持团的全面工作。对团委工作全面负责,根据上级指示精神,结合团的工作具体情况,针对青年团员的特点,提出工作计划、活动方案和落实意见,做好团委工作总结。

2. 主持召开团委会议,传达党委和上级团委的指示、决议,研究确定团的工作任务。

3. 负责团工作的计划、检查、总结工作,经常向党委、上级团组织反映情况,汇报并请示工作。

4. 深入开展调查研究工作,熟悉团情,掌握团员青年的思想动态,及时反映情况,汇报团员青年中存在的思想问题,并积极地、有针对性地提出解决问题的办法。

5. 学习、掌握共青团工作的理论知识、业务知识、工作方法,了解团史,研究团的工作特点和规律,不断提高业务水平。

6. 抓好团委班子的思想建设和组织建设,关心干部的思想、学习、工作、生活等,充分调动其积极性,开展好工作。

7. 参与党政有关青年问题的研究。

8. 积极完成上级团组织交办的其他任务。

七、团委副书记的岗位职责

1. 协助书记处理日常工作。具体分管某一方面的工作;

2. 支持团委的工作,定期召开团委例会;听取团委部门、支部的工作汇报;检查督促团委部门、支部落实各项工作,及时发现和解决问题;

3. 向团委书记汇报工作开展情况和一些重大问题,并请示工作;

4. 加强团员干部的思想政治教育和业务知识教育,健全组织,关心、了解团员、团干的思想、学习、工作和生活,发现问题并及时给予纠正;

5. 协调团委各部门的分工合作,组织实施团的各项活动,及时、全面了

解团委工作的开展情况,并及时给予总结和纠正;

6. 保持与兄弟团委和有关部门的密切联系,相互学习,增强团的凝聚力和战斗力,促进团工作的开展;

7. 完成书记交办的其他有关工作。

八、团委组织部部长的岗位职责

1. 了解各支部的组织建设情况,对团的活动、组织生活进行安排并提出计划和建议;负责做好团内奖励工作,协助抓好团校的培训工作;

2. 定期召开支书、组织委员会议,学习有关文件,交流情况,检查、布置工作;

3. 负责组织制定团的各项规章制度,并负责监督、考核执行;

4. 组织团员学习党组织与上级团委的路线和决议精神,并积极做好号召广大同学向优秀团员学习的宣传工作;

5. 进行团日活动的评估,指导团支部推优工作,组织好"红旗团支部"及"优秀团支部"的评比工作;

6. 负责团干的培训工作以提高团干的素质,做好团委内部组织管理工作;

7. 做好对团委各部门及成员的监督、审查工作,及时统计对团委成员的综合测评得分;

8. 负责大型活动的策划,传达团委工作指示到各基层支部;

9. 每个月不定时向主管领导汇报本部门工作开展情况,并积极配合各部门开展活动。

九、团委宣传部部长的岗位职责

1. 配合党、团的中心工作,宣传党的路线、方针、政策和各个阶段团委的工作重点,提出团委宣传工作的意见和建议。

2. 及时反映团的各项工作和活动;交流团的工作经验,宣传团的先进典型。

3. 每个月不定时向主管领导汇报本部门工作开展情况,并积极配合各部开展活动。正确贯彻党的宣传方针,充分发挥宣传功能,紧密联系党委宣传部等单位,做他们的得力助手。

4. 负责对内对外的宣传工作。及时向有关单位（团的上级领导和部门、新闻机构等）提供材料，扩大影响，赢得广泛的了解和支持。

5. 负责活动的组织、安排、策划和设计，配合相关部门搞好宣传活动。

6. 指导编辑团委刊物监督运营新媒体平台。

7. 策划组织社会实践，汇总各社会实践队伍申报（汇报）材料。

8. 组织社会实践评定工作的开展以及实践成果的展示。

9. 建立社会实践基地。

10. 指导青年志愿者协会开展志愿者服务活动。

11. 抓好宣传队伍的建设，定期召开支部宣传委员会议，布置宣传任务。组织各项相关的技能培训或比赛等。

12. 认真完成上级团委交给的宣传任务。

十、团支部书记的岗位职责

团支部书记是团支部的负责人和召集人，对团支部的工作负全部责任。团支部书记由所在团支部的团员青年选举产生。团支部书记的职责范围是在团支部委员会的集体领导下，按照支部团员大会、支部委员会的决议，负责主持团支部的日常工作，具体职责如下：

1. 负责团支部的全面工作，及时传达贯彻党、团组织的决议和指示。

2. 负责召集团支部委员会每两周一次和支部全体团员每月一次大会，结合团支部的具体情况，传达贯彻党组织和上级团组织的决议和指示，研究安排团支部工作，将支部工作中的重大问题提交支部委员会和团员大会进行讨论决定。

3. 了解并掌握团员青年的思想、工作和学习情况，对团员进行思想教育，搜集和整理团员的模范事迹，通过支委会协商对团员进行表扬和奖励，对违反团的纪律的行为进行批评教育，并提出处理意见。

4. 制订本支部的工作计划，并及时做好总结，检查督促工作计划、决议的实施执行情况，按时向支部委员会、支部团员大会、同级党组织和上级团团组织报告请示工作。

5. 对所在团支部的团员青年、入党积极分子和发展对象的现实表现状况和支部内突发事件应及时向上级党团组织汇报。

6. 同有关部门如团委、党支部、学工组等保持密切联系，及时交流情况，反馈有关团员青年的思想动态和信息，互相支持，促进团的工作的顺利开展。

7. 抓好团支部委员会的自身思想建设、道德建设和作风建设、开好团组织生活会，促进团支部委员会成员的联系与合作，充分发挥集体领导的作用并做到与个人分工负责相结合，督促和帮助各个委员善始善终地完成自己所分管的工作。

8. 健全团的组织生活，围绕党、团中心工作和根据本支部团员的具体情况确定组织生活的内容。

9. 做好本支部工作记录和团组织生活的记录工作。使每项工作、活动有计划、有落实、有总结。

10. 搞好团员统计，及时转接团组织关系，按时收缴团费，办理团员超龄离团手续。

11. 使推优工作正常化，认真负责地通过考察并定期召开团员大会评议，向党支部推荐优秀团员、优秀团干做党的发展对象。

十一、团支部副书记的岗位职责

支部副书记是团支部领导核心的主要成员之一。书记在时，副书记是书记的主要参谋和助手，除了要完成一般委员所承担的工作外，还要对有关的委员的工作进行协调和指导；书记不在时，副书记要代替书记抓全面工作，保证团支部工作的正常进行。

副书记要协助书记做好工作必须做到以下几点：

1. 支持书记的正确意见。支部书记是支委会一班人的"班长"，主持全面工作，只要他的意见正确，副书记就应该全力支持；如果书记的意见有欠妥之处，副书记要及时提出自己的意见，帮助书记重新考虑方案，更好地贯彻落实上级的决议。千万不要抱着"明知不对，少说为佳"的态度，任其错下去，或当"事后诸葛亮"。

2. 维护书记的威信。因为副书记对书记的工作持什么态度，在支委会和团员青年中影响较大。书记在布置工作时只要正确，副书记就要带头支持，这样会带动和影响其他人，促使工作顺利地开展起来。如果副书记对书记的意见迟迟不表态，甚至各吹各的号，这不仅会降低书记的威信，而且还会降低支委会的威信，造成支部"说话没人听，指挥没人动"的局面，使工作无法开展。副书记对书记的工作不要"求全责备"。书记在工作中难免出现这样那样的缺点错误，副书记有责任通过适当的方式给以指出，使其改正。绝不能当面不说，背后乱说。

3. 带头执行团的决议。团支部的决议一旦形成，团干部就要自觉地带头去执行。作为副书记，带头作用就更重要。如果副书记对决议持有不同意见，允许保留，并且可以向上级团委反映，但决不允许把不同意见拿到团员青年中去散布，更不允许违背组织决议另搞一套，把个人凌驾于组织之上。

4. 分担日常工作。团支部的工作繁杂而具体。要使各项工作有条不紊地进行，光靠书记一个人是不行的，必须充分发挥支委会一班人的作用。副书记要抓支部的日常工作，如负责组织有关会议和活动，与书记轮流代表支委会报告工作，负责处理团员青年中的一些问题等，以保证书记有更多的时间和精力去考虑全面工作。

5. 书记不在时，副书记要代理书记负责全面工作。要管好书记工作职责范围内的一切工作，同时做到：

（1）要维护和执行书记在时所做的正确决议，对书记离开前没有了结的问题，要代理书记继续办完。

（2）对书记走前提出的工作设想和建议，以及有关问题的处理意见，要认真考虑、研究。

（3）要大胆主持日常工作和及时处理一般问题。除重大问题，非要书记到场不可时，可以适当推迟。如事关紧急，不宜拖延，而书记又不能短期回来时，就要及时请示党组织或上级团委帮助解决。

十二、团支部组织委员的岗位职责

组织委员分管组织方面的工作。在支部委员会的集体领导下，抓好团支部的组织建设和组织管理工作。

1. 协助支部书记提出组织生活、组织活动的方案，并帮助支部书记具体实施。

2. 了解团员的思想、工作情况，对团员进行思想教育和组织纪律教育，掌握团员的模范事迹和遵守团的纪律的情况，向支委会提出表彰奖励优秀团员及推荐优秀团员入党的建议，对违纪团员进行批评教育，并向支委会提出处理意见。

3. 做好团支部组织生活记录，团费收缴，团员数统计，转接团员组织关系，保管整理好所有支部活动记录、上级文件以及优秀团员、先进青年的典型材料等工作。

4. 了解青年职工积极分子的情况，负责对团外青年职工培养、考察工作，提出发展新团员的意见，具体办理接收新团员的手续，做好新团员编组和颁发团徽、团员证的工作。

5. 了解和掌握团支部的组织状况，根据需要，提出团小组的划分和调整意见，检查和督促团小组过好组织生活。

6. 根据需要，组织全体团员过好民主生活会，要求每一位团员写出年度在思想、学习、工作等方面的自我总结，年底开展团员民主评议活动，做好年度团籍注册工作。

7. 完成支部书记交办的其他工作。

十三、团支部宣传委员的岗位职责

宣传委员分管团支部宣传教育工作，在支部委员会的集体领导下，对宣传工作负全面责任。

1. 教育团员、青年学生学习马列主义、毛泽东思想、邓小平理论、"三个代表"重要思想、科学发展观和习近平新时代中国特色社会主义思想，学习现代科学文化知识，明确学习目的，热爱所学专业，发愤学习、刻苦钻研，立志成才。

2. 密切配合党的中心工作，结合团员、青年学生的思想实际和不同时期的工作任务，做好思想动员及通讯报道工作。

3. 经常收集和分析团员、青年的思想情况，搞好调查研究，及时反映他们的意见和要求，并向党、团组织汇报。

4. 积极组织开展适合青年学生特点、积极向上的文化活动，寓思想教育于活动之中，以丰富团的生活。

5. 鼓励团员、青年参加各种科技、学术活动，组织好研讨工作。

6. 协助支部书记抓好党章、政治理论和时事政治的学习工作，并做好学习记录。

7. 配合有关部门组织好学习竞赛活动，激发团员、青年的学习热情，活跃团的生活。

十四、团支部文体委员的岗位职责

在支部委员会中,团支部文体委员主要负责开展适合青年特点的文化体育活动。文体委员的主要职责是:

1. 发动和组织团员青年踊跃参加文化、体育、娱乐活动,组织好青年业余社团活动,办好青年之家、青年活动室等青年文化活动阵地。

2. 发现和培养文体活动积极分子,并把他们组织起来,发挥其在支部文体活动中的骨干作用。

3. 组织开展适合青年特点的各种文体活动,如联欢会、游艺活动、体育比赛、歌咏比赛、棋牌比赛、旅游活动等。

4. 在重大节日和纪念日,如"五一"、"五四"、"七一"、国庆、元旦、春节等,组织联欢会,举办晚会和文艺演出等庆祝活动。

附例1:企业团委与团干部职责

××公司团委职能与团干部职责

(一) ××公司团委职能

1. 负责公司共青团工作。

2. 根据党的中心任务和上级团委的要求及企业工作的实际,围绕企业改革、发展和稳定,创造性地开展企业共青团工作,制订相关工作计划,负责组织实施和检查考核。

3. 加强团的自身建设,建设好团的领导班子,坚持民主集中制,建立健全各项规章制度和正常的工作秩序,实行科学管理,增强团组织的吸引力、凝聚力、战斗力,充分发挥团结教育青年的核心作用。

4. 通过多种途径培训团的干部,提高团干部的素质。

5. 督促团员履行义务,保证团员行使权利,充分发挥团员的先锋模范作用。

6. 搞好组织发展工作,壮大团的队伍。

7. 协助公司党委做好青年职工的思想政治工作,调动和保护青年职工的积极性、主动性和创造性,带领青年职工为促进企业发展做贡献,在经济建设中发挥好生力军和突击队作用。

8. 开发青年人力资源，组织青年职工广泛开展创先争优、岗位绝活、创新创效、建功成才、青年文明号、青年志愿服务等活动，提高服务质量，降低物质消耗，争创一流成绩。引导和组织青年职工学文化、学技术、学管理，提高文化技术素质，并为其施展才智创造条件。

9. 关心青年职工的利益，为青年职工办实事。了解和反映青年职工的意愿，维护青年职工的合法权益。指导各类正当的青年社团活动。

10. 协调建立青年职工业余活动阵地，开展适合青年特点的丰富多彩的文娱、体育等活动，活跃业余文化生活，促进青年职工的身心健康发展。指导和帮助青年职工正确处理恋爱、婚姻、家庭等问题，倡导文明科学的生活方式。

11. 做好党的助手工作，完成公司党委交办的各项工作任务，保证党的路线、方针、政策和公司党委的有关指示、决定在企业各级团组织的贯彻落实。

12. 完成上级团组织交办的其他任务。

（二）团委书记工作职责

1. 主持团委日常工作，定期主持召开团委会，研究公司共青团工作。
2. 抓好团委班子的自身建设，提高团干部的综合素质。
3. 关心团干部的思想、学习、工作和生活，积极为他们的成才创造有利条件。
4. 主持起草团委年、季、月度工作计划，认真抓好阶段工作，并及时完成阶段小结和工作总结。
5. 重视调查研究工作，经常深入各团支部了解青年思想工作状况，帮助团支部做好支部建设。
6. 积极主动地加强与公司党政领导、各党支部及有关部室的联系和沟通，争取各方面对共青团工作的支持和关心。

（三）团委副书记工作职责

1. 协助团委书记处理日常工作。
2. 具体负责分管部门工作，协调各部门之间的关系。
3. 完成团委布置的其他任务。
4. 书记不在单位时，受书记委托负责主持团委工作。

(四) 团委委员工作职责

1. 积极参加团委会，参与团内有关事项的讨论和决定。
2. 认真做好分管工作。
3. 主动与团员青年加强联系，反映团员青年的意见、建议和要求。
4. 完成团委布置的其他任务。

(五) 团支部书记工作职责

1. 按时参加团支部书记例会，汇报团支部工作，接受团委布置的任务。
2. 定期召开支委会和支部团员会议，研究制订团支部工作计划。
3. 认真开展组织生活，组织团员青年学习政策理论。
4. 经常了解团员青年的思想动态，反映团员青年的意见和要求。
5. 组织开展各种形式的文娱活动，加强团员青年相互间的联系和沟通。
6. 团结全体支部共同开展好各项活动。
7. 做好团支部活动经费的使用和管理工作。

(六) 团支部委员工作职责

1. 积极参加支委会和支部团员会议，参与支部有关事项的讨论和决定。
2. 认真做好组织、宣传和文体工作。
3. 主动加强与团员青年的联系，反映团员青年的意见、建议和要求。
4. 完成团支部布置的其他任务。

附例2：学校团委部门职能

共青团××大学委员会部门职责

(一) 团委办公室主要职责

团委办公室是在团委领导下，负责协调团委各部门的工作，是处理综合事务、协调各部门高效率高质量运作与处理对外事务的服务性枢纽，办公室本着服务原则，保持与各部门的密切联系，是推进全团工作的有力保障。

1. 负责团委财务工作，全团委的账目清算与报销；
2. 负责校团委的相关通知文件的上传下达，处理团委机关公文，向党办校办的 OA 系统报文；

3. 联络兄弟高校共青团。

4. 编写团委制度汇编，编制团委机关、学生会、研究生会年度工作计划表。

5. 对校团委机关文件进行归档，管理校团委电子文档库。

6. 校团委各项物资的合理分配与储备，管理校团委储藏室、会议室以及各种物资。

7. 负责校团委官方微信公众号的运营工作。

8. 团委所属办公及学生活动场地管理及其他日常事务。

9. 承接大型会议，承办面向校团委各部门的大型内建。

10. 品牌项目：学生活动中心管理、学生活动审批、财务物资管理、承接大型会议、团委内部建设等。

（二）团委组织部主要职责

组织部负责校团委的基层组织建设和骨干队伍建设，是校团委指导和服务基层的枢纽，在基层组织建设管理、主题教育与思想引领、班团集体建设、骨干管理与培养等方面发挥着重要作用。组织部具体工作包括：

1. 贯彻上级部门的决议和精神、参与起草校团委的有关工作决议、指导意见，监督有关工作的推进和落实；

2. 筹备和组织团员代表大会、团员代表会议、常委会；

3. 统筹开展团员发展工作，开展团费收缴等基础团务工作；

4. 统筹开展主题教育工作，做深做实政治育人和价值引领，动员和组织院系开展主题团日活动，引导团员青年深入学习习近平新时代中国特色社会主义思想；

5. 以思想引领为基础，积极推动推优入党工作；

6. 指导和支持基层团组织发展，指导基层团组织工作开展，组织相关例会；

7. 开展团支部工作等级评估，指导各院系开展评估工作；指导院系班团集体建设，开展班团资源支持计划，指导院系支部事业工作，开展相关工作培训，举行班团集体建设大会；

8. 制定校团委各部门岗位编制，统筹选拔、任用学生骨干，设计学生骨干培养路径，开展社工骨干信息管理，组织社工骨干考核评优；

9. 开展社工骨干培训，负责社会工作概论、社会工作案例研讨课（团委专班）课程相关工作，统筹校系培训平台；

10. 品牌项目：主题团日、团干部直接联系青年、校园"十佳"评选、推优入党、青年五四奖章评选、共青团市级及校级评优工作等。

（三）团委宣传部主要职责

宣传部是校团委下设的职能部门，主要负责校团委的新闻宣传、信息沟通和团员青年思想教育工作。校团委宣传部下设媒体团队、理论组、时事大讲堂和基层综合组，指导学生组织开展工作。宣传部以"宣传党团精神、传播校园文化、引导学生思想、反映学生心声"为宗旨。

宣传部具体工作包括：

1. 宣传党和国家的大政方针、学校中心工作和教育理念、上级的有关决议精神。

2. 负责组织及指导各级团组织开展宣传教育与思想引导工作；

3. 负责校级团的宣传阵地建设，包括微信公众号、微信视频号等。对校内外重大事件全方位、多层次、多角度、及时有效地进行宣传报道。

4. 围绕时政热点开展重大活动宣传、团委重大成果反映和舆情研判工作。

5. 开展青年学生、高等教育、共青团组织等领域的理论研究工作。

6. 承接学校或上级组织委托的重要研究课题。

7. 起草校团委工作总结、工作要点、汇报材料、年鉴等重要文件。

8. 品牌项目：青年微信公众号、抖音、快手、B站、微博、QQ空间、网站、青年期刊等。

（四）文化体育部工作职能

文体部是校团委的组成部门，负责校园文艺、体育工作的引领和建设。文体部把"以文化人、以体育人"作为工作出发点，积极弘扬、传承、创新大学文化，发挥团组织的引导作用，将学生文艺体育工作与学校培养环节紧密结合，通过组织丰富多彩的体育、文艺活动，增强学生的身体素质，提高文化艺术修养。

1. 指导各院系学生组织和班级、支部开展各类体育、文艺活动；整合校内体育、文艺工作资源，促进校园文体工作水平的提高。

2. 促进校园群众体育事业的发展，增强同学们参与体育锻炼的意愿，促进同学们形成良好的体育锻炼习惯,促进群众体育与竞技体育的结合。

3. 通过校园文艺工作促进校园文化建设,传播良好的校园文艺思想,引领良好的文艺工作风尚。

4. 负责新年联欢晚会、本科生纪念"一二·九"运动歌咏比赛及相关系列活动、学生田径运动会、"班级体育大联盟"系列赛事等大型文体活动的具体组织、筹办工作。

5. 负责文艺会演、新年联欢晚会和毕业晚会等大型文艺晚会以及艺术特长生冬令营等活动的组织策划。

6. 负责演讲大赛、平面设计大赛等文化活动组织策划。

7. 负责体育场地管理,趣味运动会、棋牌特长生冬令营等体育活动组织策划工作。

8. 负责校内大型文体活动的视频拍摄、剪辑任务,负责大型活动的配乐、原创音乐任务,并重点进行专项技术人才培养工作。

9. 品牌项目:新年晚会、青年艺术节、艺术特长生招生、高雅(民族)艺术进校园、艺术沙龙、艺术专场演出等。

(五)社团协会部工作职能

社团协会部是在学校党委的统一领导下,受学生处、研究生院委托的校团委下设部门,承担学生社团建设管理的具体事务。

社团协会部的主要职责包括:

1. 有效推行校党委、校团委有关学生团体管理的方针、决议,加强学生社团民主建设。

2. 进一步增进社团间交流,优化团体资源配置,提供信息共享平台、实践平台和宣传平台,维护学生社团整体利益,引导学生社团整体活动。

3. 对申请成立的新学生社团和申请注销的学生社团进行预审;每学年完成所有学生社团的年审预审;每学年对学生社团的工作进行检查和评估;对学生社团的工作及其学生骨干进行指导培训;对学生社团的各项活动进行审查。

4. 按照校团委财务相关规定管理学生社团的赞助款项和活动资金;负责学生社团的表彰处分及其他咨询服务等工作。联络学校与学生社团,负责全校学生社团的组织管理与服务保障工作。

5. 完善社团工作体制机制,开展学生社团文化节、"社团大观园"和学生社团评优表彰工作。

6. 开展学生社团理论研究工作；负责学生社团的宣传和推广工作，维护与更新社团信息网。

7. 对社团负责人进行认证与管理；追踪社团重大活动，进行活动打分与评级。

8. 负责社团团支部的组织、管理和发展，切实推进社团全面建团工作。

9. 品牌项目：社团招新、社团骨干培养、社团文化节、社团十佳系列评优等。

（六）学习实践部工作职能

学习实践部是校团委指导学生社会实践工作的职能部门，以组织学生开展学习调研、专题调查、校友访谈、服务建设、专业认知等多种形式的社会实践为工作重点，同时负责开展针对研究生支教团等群体的专项工作。学习实践部具体工作包括：

1. 围绕时代主题，组织学生开展社会实践，引导学生"受教育，长才干，做贡献"，培养深厚的家国情怀和强烈的社会责任感；

2. 统筹社会实践支持、管理、培训、总结等工作，促进社会实践与思想教育、专业学习、集体建设、志愿公益、就业选择相结合，深化社会实践育人实效；

3. 设计、支持社会实践项目，组织、邀请社会实践导师，建立、管理社会实践基地，为学生开展社会实践提供完善平台和丰富资源；

4. 系统总结、积极宣传社会实践成果，扩大社会实践影响力和辐射面，促进社会实践成果转化和价值传播；

5. 支持、服务研究生支教团等群体发展，达到育人目标。

（七）志愿服务指导中心职能

志愿服务指导中心是校团委指导校园学生志愿公益活动开展的职能部门，具体负责校园学生志愿公益组织的管理与引导工作。校团委志愿服务指导中心始终以学校全方位的育人理念为基本原则，完善校园学生志愿公益组织的制度建设与工作机制，推动相关政策的制定和落实，切实有效地服务于广大志愿者，提高志愿者的志愿服务能力，繁荣校园的志愿公益氛围。

志愿服务指导中心的工作具体包括：

1. 建设完善我校志愿服务组织的制度安排、工作机制；挖掘培养校园志愿公益骨干人才；

2. 完善志愿者激励保障体系，推动志愿服务长效机制建设；

3. 承担校内外交办或合作的大型赛会等志愿服务活动的志愿者招募和组织工作，参与开展或协调学校各种志愿服务活动；

4. 指导志愿者服务总队（各专项服务团、研究生服务团）、各院系支队、志愿公益类学生社团、红十字会学生分会等开展各类型志愿服务活动，如院系公益类集体活动、公益类社团活动、校园志愿讲解服务、社区志愿服务、国际学生志愿服务等。

（八）青年工作研究中心职能

青年工作研究中心负责共青团的调查研究工作，始终保持对青年学生思想动态的密切关注，坚持开展对青年工作的理论研究，为校团委整体工作的开展提供理论参考，在掌握青年动态、研究青年工作规律等方面发挥着重要作用。

青年工作研究中心具体工作如下：

1. 开展面向本科生的综合性基础调研，提供反映学生基本情况、发展需求以及对学校相关工作反馈评价的重要信息。

2. 开展具有战略性、前瞻性的调研项目，为学校育人工作的开展提供长期、持续的决策支持；

3. 通过运营调研类基金专项、组织调研培训讲座沙龙等形式，指导院系团委调研工作的开展；

4. 组建专家顾问委员会和学生导师团，提升调研工作的专业化、科学化水平；

5. 及时调研学生对重大事件、自身学习生活的观点及想法，关注了解青年学生思想动态。

6. 品牌项目：团情简报、理论学习活动、专题（课题）研究等。

（九）青年双创服务中心工作职能

创业指导中心是建设高校、政府和产业界相互协作的服务平台，引导广大青年学生在创新创业创优的实践中贡献青春力量。指导学生创业协会开展各类创业赛事与活动、开设创新创业课程、实施"启创"学生创业人才培育计划，指导创业赛事与活动，构建了覆盖启蒙、训练、实战的全过程创业教育服务体系，启迪创新意识，培育首创精神。

科技创新中心是团委组织和管理学生课外学术科技与创新创业活动的职能部门。通过营造校园创新创业氛围、组织学生课外学术科技赛事、支持各类课外学术科技与创新项目，不断培养学术科技与创业类拔尖创新人才。

1. 负责我校创新创业教育"第二课堂"实践活动的规划与组织工作。

2. 立足我校学生自身成长需求，通过搭建多层次、多类别的高水平讲坛、论坛平台和综合类、专业类的创新创业竞赛平台，设立创新创业实践基地，选拔优秀创新创业项目等方式，培养我校学生的创新精神和创业思维，提升学生的综合素养，营造良好的校园双创氛围。

3. 指导学生科学技术协会相关工作，统筹全校所有学生科技活动项目，涵盖"挑战杯"全国学生课外学术科技作品竞赛、"挑战杯"学生课外学术科技作品竞赛及其他各级各类赛事、本科生学术研修推进计划、本科生海外学术研修支持计划等。

4. 培养学生科技创新骨干人才，负责"科技创新，星火燎原"学生创新人才培养计划的实施。

5. 指导和扶持学生课外科技团队建设，发掘、孕育新的兴趣导向型自主科技创新团体，探索学生科技兴趣团体发展新模式；着力营造浓厚的校园科技创新氛围。

（十）学生信息服务中心职能

学生信息服务中心负责校团委信息化建设和网络思想教育工作，为各类学生工作和学生活动提供信息化平台和技术支持，开展网络思想教育，进行网络舆情引导，建设校园网络文化，促进校园网络文明。学生信息服务中心的具体工作包括：

1. 推进校团委工作信息化，建设门户网站和各类学生工作网站，为各类学生工作搭建信息化平台，利用信息化技术优化工作流程、提高工作效率；

2. 建设"学生第二成绩单"，客观记录、科学认证学生课外经历和成果；

3. 管理和维护校团委网络和服务器，保障运行安全和信息安全；

4. 建设网络辅导员队伍，开展网络思想教育，对网络舆情进行及时引导；

5. 利用信息化技术和新媒体手段，开展线上活动，倡导网络文化。

（十一）青年教师团工委工作职能

青年教师团工委作为校团委派出机构，是培育"又红又专"的教师队伍和做好青年教师思想政治引领工作的新举措。

通过加强与党委教师工作部、人事处青年教师联谊会、工会青年教师工作委员会、教师（教学）发展中心等部门的沟通与合作，致力于提升我校青年工作广度和深度。

品牌项目：聚焦教学科研、职业成长、人文关怀、联谊交友等青年教师关心的主题，培育系列品牌活动，开展精准服务等。

（十二）研究生与青年工作部部门主要职责

负责研究生就业见习方面工作，负责研究生骨干研修班的日常事务，开展研究生骨干培养工作，做好研究生人才储备。

组织开展青年文明号及岗位能手等评选工作。

第三章
共青团工作表格精选

第三章 共青团工作表格精选

一、委员候选人登记表

共青团××大学委员会委员候选人登记表

填表日期：　　年　　月　　日

姓　名		出生年月		电子照片
性　别		民　族		
学　院		班　级		
电　话		政治面貌		
微信号		电子邮箱		
现任职务				
个人简历				
在校期间曾获奖励				
学院团总支意见	签字（盖章）： 　　　　　年　　月　　日			
校团委意见	签字（盖章）： 　　　　　年　　月　　日			

145

二、团代表大会代表候选人登记表

中国共产主义青年团×××学院第×次代表大会代表候选人登记表

姓　名		性　别		民　族	
出生年月		籍　贯		学　历	
所在单位		入团年月		入党年月	
团内外职务		联系方式			
简历（从中学填起）					
奖惩情况					
选举单位团组织意见	签字： （盖章）　　××年×月　日				
代表资格审查小组意见	签字： （盖章）　　××年×月　日				

第×次团代会筹备组

三、团代表大会委员候选人人选提名登记表

中国共产主义青年团×××学院第×次代表大会委员候选人人选提名登记表

姓　名		性　别		民　族	
出生年月		籍　贯		学　历	
所在单位		入团年月		入党年月	
团内外职务		联系方式			
简历 （从中学 填起）					
奖惩情况					
提名单位 团组织 意见	签字： （盖章）　××年×月　日				
提名单位 党组织 意见	签字： （盖章）　××年×月　日				

第×次团代会筹备组

四、团代表大会代表登记表

中国共产主义青年团××学院第×次代表大会代表登记表

单位（盖章）　　　　　　　　　　　　　　　　　　　年　月　日

序号	姓名	所在单位及职务	性别	年龄	民族	学历	政治面貌	联系方式	备注

共　　页第　　页
第×次团代会筹备组

五、学生代表大会委员候选人登记表

×××学院第××次学生代表大会委员候选人登记表

姓 名		性 别		民 族	
出生年月		籍 贯		学 历	
政治面貌		联系方式			
所在院系		担任职务			
简 历 (从高中写起)					
奖惩情况(从高中写起,校级以上奖励)					
选举单位意见	签字: (盖章)　　年　月　日				
代表资格审查小组意见	签字: (盖章)　　年　月　日				

第××次学代会筹备组

六、学生代表大会代表提案表

×××学院第××次学生代表大会代表提案表

提案人	姓　名	联系方式	所在学院	本人签字

附议人				

提案种类：□学生工作类　□综合素质类　□生活类　□其他

提案内容：

解决方案：

备注：1. 各学代会代表在广泛征求同学意见后，将提案内容写在该表内。

　　　2. 提案请注明种类。

　　　3. 填写后，请将该表上交各二级学院主席团。

　　　4. 此表格可复印。

　　　5. 提案内容和解决方案可加附页。

第××次学生代表大会提案工作委员会

七、学生代表大会提案汇总表

×××学院第××次学生代表大会提案汇总表

主席团团长	姓　名	联系方式	所在学院	本人签字

提案内容汇总：				
序号	类别	提案名称	提案人	附议人数

填写说明：1. 此表格可复印；2. 提案内容可加附页。

各代表团经手人：_____　　　　　　　　　____年____月____日
提案委员会经手人：_____　　　　　　　　____年____月____日

第××次学生代表大会提案工作委员会

八、青年马克思主义者培养工程学员推荐表

××学院青年马克思主义者培养工程第×期培训班学员推荐表

姓名		出生年月		性别		照　片
民族		政治面貌		学号		
最近一学期综合考评排名		联系方式				
所在学院、班级及职务						
学生工作经历及奖励荣誉						
团总支意见			盖　章 　　年　月　日	党总支意见		盖　章 　　年　月　日
校团委意见						盖　章 　　年　月　日

九、青年马克思主义者培养工程培训班学员汇总表

××学院青年马克思主义者培养工程第×期培训班学员汇总表

单位(盖章):_____　　　　团总支书记:_____

序　号	班级	姓　名	政治面貌	职　务	联系电话	备注
						(负责人)

十、团校培训班学员推荐表

×××大学团校培训班学员推荐表

姓名		学院		
性别		班级		电子照片
民族		政治面貌		
宿舍号		手机号码		
现任职务				
家庭地址				
微信号码		QQ号码		
电子邮箱				
高中曾任职务				
上学期课程名称及成绩	课程名称	成绩	课程名称	成绩
	1.		7.	
	2.		8.	
	3.		9.	
	4.		10.	
	5.		11.	
	6.		12.	
个人承诺	我承诺自愿参加×大学团校培训班，能够严格遵守培训班的相关规章制度，按时参加课堂教学和实践教学的全部环节，并能自觉接受和完成校团委安排的工作任务，高标准、严要求。如有违反相关规定或不接受相关工作任务，愿意接受相应处理。 签字： ××年　月　日			
学院团总支推荐意见	签字： （盖章） 年　月　日		校团委审批意见	签字： （盖章） 年　月　日

十一、团校项目审批表

×××大学团校项目审批表

填表日期：　　年　月　日

申请单位			
团校全称	×××大学第　　期团校		
申请期号	期	起止时间	
负责人		联系方式	
团校类别	□学校团学组织骨干培训班　　□学院团学组织骨干培训班 □新生班长团支书培训班　　□团学组织骨干高级培训班		
学员类别	□校团委干部　□校学生会干部　□校研究生会干部　□校级社团干部 □院团委干部　□院学生会干部　□院研究生会干部　□院级社团干部 □班团组织干部　□其他，请注明：_____		
主要教学安排			
申请经费支持			
申请经费_____元 预算：			
主办单位意见 （盖章） 　年　月　日		校团委意见 （盖章） 　年　月　日	

注：此表一式二份，一份校团委留存，一份申请单位留存。

十二、申请加入中国共产主义青年团审批表

×××大学20＿＿-20＿＿年度申请加入中国共产主义青年团审批表

填表时间：　年　月　日

姓　名		性　别		班　级	
民　族		联系电话		学　院	
专　业		身份证号		邮　箱	
社会活动	起止时间		部门		职务
获奖情况	时间		奖项名称		颁奖单位
简述入团原因					
团委意见	（盖章） 年　月　日				

可附页（初高中所获荣誉、大学所获奖学金等）

注意事项：

1. 申请入团的同学在向团组织提出入团申请后，填写入团审批表。
2. 将审批表的电子版和纸质版文件上交至团支部书记处。

新发展团员基本信息表

××年新发展团员基本信息表

学院（单位）团组织（盖章）：××××大学　填报时间：　　　　填报人：　　　　联系方式：

序号	学院（单位）团组织名称	姓名	身份证号码	性别	民族	文化程度	入团年月	手机号码	发展团员编号	入团时所在支部全称	现所属团支部全称	备注
1												
2												
3												
4												
5												
6												
7												
8												
9												
10												
11												
12												

十三、团员处分决定表

团员处分决定表

姓　名		性　别		出生年月		文化程度	
系别班级		本人成分	学　生	入团年月		籍　贯	
现在工作单位及团内外职务							
简历	（从高中写起）						
何时何地何原因受何种处分	（指行政处分）						
主要错误事实							

（续表）

支部大会决议	本支部共有团员_____名，_____名参加支部大会。经支部大会讨论，决定给予_____同学团内_____ _____处分。希望该同学_____。 签字：　　　　　年　月　日
本人意见	 签字：　　　　　年　月　日
基层团组织意见	经团总支讨论决定，同意_____团支部大会讨论决定，给予_____ _____同学团内_____处分。 签字（盖章）：　　　　　年　月　日
审批机关意见	 签字：　　　　　年　月　日
备注	

××学院团委组织部

十四、校团委证书领取人员信息登记表

校团委证书领取人员信息登记表

申请单位： 　　　　　　　　　　　　　　　　　　　　　　　　年　月　日

序号	证书类型	姓名	学院	班级	发证理由	证书编号
1						
2						
3						
4						
5						
6						
7						
8						
9						
10						
11						
12						
13						
14						
15						
16						
17						
18						
19						
20						
21						
22						
23						
24						
25						
26						
27						
28						
29						
30						

十五、校团委证书申请表

校团委证书申请表

申请单位	
申请事由	
申请证书类型	□任职通知书（A）　　□荣誉证书（B1、B2、B3） □获奖证书（C）　　　□志愿服务证书（D） □培训证书（E1）　　　□结业证书（E2）
申请数量	
发放对象	
申请单位签字盖章： 　　　　　　　　　　　　　　　　　　　　　　年　　月　　日	
以下为校团委审核填写	

核发证书类型		核发证书数量	
证书起止编号			

校团委书记审批签字：   　　　　　　　　　　　　　　　　　　　　　　年　　月　　日

十六、校团委物资预约申请表

校团委物资预约申请表

预约部门			申请人		
活动名称			申请人联系方式		
活动时间			物资预计领取时间		
借用物资预计归还时间					
所需物资	领取物资	数量(单位)	是否领取	借用物资	数量(单位)	是否领取	归还数量
活动简介							
申请部门意见	负责人签字： 　　　　年　　月　　日
团委办公室审核意见	审核人签字： 　　　　年　　月　　日
领取经手人：	时间：	归还经手人：	时间：

注：1. 表格填写时应写明预约部门、申请人、申请人联系方式、所需物资及其数量，同时还需要对活动进行简单的介绍，例如，参加人数、物资的用途等，所填表格应经过部门负责人审查之后递交到办公室，由工作人员审核后进行信息的反馈和物资的准备。

2. 此表原则上需至少提前3天提交，提交后工作人员会在1个工作日内进行反馈，审核通过后一般可提前一天来领。

十七、校团委物资借用申请表

校团委物资借用申请表

申请单位					
活动名称					
活动日期	年　月　日		起止时间	时　分—　时　分	
活动地点					
活动形式	□演出/仪式　　□报告/会议　　□竞赛活动　　□其他：_____				
负责学生		负责学生电话			
负责老师		负责老师电话			
借用物资	□服装　　□道具　　□展架　　□方桌　　□板凳　　□椅子 □国旗　　□团旗　　□彩旗　　□旗杆　　□鼓掌器　　□演讲台 □拉杆音箱　□无线话筒　□照相机　□摄像机　□三脚架				
物资描述数量要求					
借出时间	年　月　日　时　分		归还时间	年　月　日　时　分	
使用须知	借用的物资必须保证专人专用，不得污损，不得毁坏，专业设备需要保证操作规范、安全。必须在规定的时间内归还所借物资，如物资有损坏需要照价赔偿。 　　　　　　　　　　　　　　　　　　借用人签字：				
申请单位意见： 负责人签字（盖章）： 　　　　　年　月　日			校团委审批意见： 负责老师： 　　　　　年　月　日		
物资领取签字： 　　　年　月　日　时　分			物资归还签字： 　　　年　月　日　时　分		
注：此表一式二份，一份校团委留存，一份领取物资使用。 　　　　　　　　　　　　　　　　　　存档编号：					

请用 A4 纸打印，调好格式，不要超出单页纸范围。

十八、团委印章使用审批表

×××大学团委印章使用审批表

申请部门		申请人	
		联系方式	
用章事由或材料名称		用章个数	
主管领导意见			
	负责人签字： （公　章） 　　　年　　月　　日		
盖章人	年　　月　　日		

十九、团委物资清查明细表

物资清查明细表

学生组织				填表日期		
办公室地址	物品名称	现有数量	原有数量	使用及亏损情况说明	完好程度	物资使用人
物资负责人签字				联系电话		
组织办公室主任签字				团委办公室主任签字		

二十、团委报销票据粘贴单

团委报销票据粘贴单

团委报销票据粘贴单

粘贴区

装订区

票据粘贴要求：
1. 小于 A4 大小的票据请按类别从上往下平铺粘贴，请勿重叠或覆盖；
2. 粘贴票据时请将票据四边牢固粘贴在 A4 报销粘贴单上，且不得超出框线；
3. 票据粘贴请使用胶水，请勿使用胶棒、双面胶、透明胶、订书机等，尽量保证整齐、均匀；
4. A4 大小的电子发票及附件无须使用本粘贴单，可直接附于最后；
5. 本粘贴单中文字说明部分可以被原始单据覆盖。

二十一、"校级优秀团员"登记表

×××大学"校级优秀团员"登记表

姓　名		性　别		出生年月		民　族	
学　院				所在支部			
籍　贯				政治面貌			
支部人数		参与投票人数			支部投票结果		
主要事迹							

团支部意见： 　　　　　　签字（盖章）： 　　　　　　　　年　月　日	导师班主任意见： 　　　　　　签字（盖章）： 　　　　　　　　年　月　日
学院团委意见： 　　　　　　签字（盖章）： 　　　　　　　　年　月　日	校团委意见： 　　　　　　签字（盖章）： 　　　　　　　　年　月　日

二十二、"优秀共青团员"申请审批表

×××大学"优秀共青团员"申请审批表

学院：_____　　　　研究生□　　本科生□　　专科生□

姓　名		性　别		政治面貌		学　号	
专　业		团支部		支部人数		担任职务	
一年内平均学分绩点：				综合测评班级名次：			
年度获奖情况：				一年内有无挂科：			
主要事迹							
导师班主任意见	导师班主任签名：　　　年　月　日						
学院团委意见	盖章　年　月　日			学校团委意见	盖章　年　月　日		

说明：本表一式两份，一份留存学校，一份装入学生档案。

二十三、"校级优秀团干部"登记表

×××大学"校级优秀团干部"登记表

姓　名		性　别		出生年月		民　族	
学　院				所在支部			
籍　贯				政治面貌			
支部人数		参与投票人数			支部投票结果		
主要事迹							

团支部意见： 　　　　签字（盖章）： 　　　　　　年　月　日	班主任（导师）意见： 　　　　签字（盖章）： 　　　　　　年　月　日
学院团委意见： 　　　　签字（盖章）： 　　　　　　年　月　日	校团委意见： 　　　　签字（盖章）： 　　　　　　年　月　日

二十四、"优秀共青团干部"申请审批表

×××大学"优秀共青团干部"申请审批表

学院：_____　　　　　　研究生□　　本科生□　　专科生□

姓　名		性别		政治面貌		学　号	
专　业		团支部		支部团员数		团内职务	
一年内平均学分绩点：				一年内综合测评名次：			
年度获奖情况：				一年内有无挂科：			
主要事迹							
导师班主任意见	colspan，导师班主任签名：　　　　　　　　　　　年　月　日						
学院团委意见	盖　章　　　　　年　月　日			学校团委意见	盖　章　　　　　年　月　日		

说明：本表一式两份，一份留存学校，一份装入学生档案。

二十五、优秀团员登记表

优秀团员登记表

学号：

姓　名		性　别		年　龄		民　族	
班　级		担 任 职 务					
政 治 面 貌			入团（党）时间		年　　月		
家 庭 住 址							

主　要　事　迹
可另附纸

团支部意见	团支部书记： 导　　师： 　　　年　月　日
团总支意见	团总支书记： 　　公　章 　　　年　月　日
党总支意见	党总支书记： 　　公　章 　　　年　月　日
团委意见	公　章 　　　年　月　日

此表复印有效。　　　　　　　　　　　　　校团委组织部　印制

二十六、优秀团员标兵申请表

优秀团员标兵申请表

×× 年 ×× 月

姓　　名		性　别		年　龄		民　族	
班　　级			担任职务				
政 治 面 貌				入团（党）时间			年　月
家 庭 住 址							

主　要　事　迹

团支部意见	团支部书记： 导　　　师：
团总支意见	团总支书记： 盖　　章
党总支意见	盖　　章
团委意见	盖　　章
备注	

此表复印有效。　　　　　　　　　　　　　　　院团委组织部　印制

二十七、优秀团员作为党的发展对象推荐表

×××大学优秀团员作为党的发展对象推荐表

姓　名		性　别		出生年月	
民　族		籍　贯		入团时间	
团支部		职　务		申请入党时间	
推优大会情况		推优大会时间：＿＿＿＿　　推优大会地点：＿＿＿＿ 团支部有表决权的团员数：＿＿＿　　参会人数：＿＿＿ 同意推荐人数：＿＿＿			
被推荐人优缺点		（结合被推荐人思想、学习、生活、参加素质拓展活动情况以及推优大会民主评议意见说明被推荐人的优缺点，重点说明存在哪些不足）			
团支部推优意见		 　　　　　　　　　　团支部书记签字　　　　年　　月　　日			
学院团委意见		（盖章） 年　　月　　日	校团委意见		（盖章） 年　　月　　日

二十八、推荐优秀团员作为入党积极分子审批表

×××大学推荐优秀团员作为入党积极分子审批表

姓　名		性　别		出生年月	
民　族		籍　贯		入团时间	
团支部		职　务		申请入党时间	
主要表现					
推优情况					
班主任导师意见	（签字） 　　年　　月　　日		辅导员意见	（签字） 　　年　　月　　日	
学院团委意见	（盖章） 　　年　　月　　日		校团委审批意见	（盖章） 　　年　　月　　日	

主要表现栏：（本栏由被推荐人填写，要对照入党条件写清优点和存在的缺点。）

推优情况栏：
本栏由团支部书记填写：
推优大会时间：_____年___月___日；推优大会地点：_____
团支部总人数：_____人；参加推优大会团员人数：_____人；
该生得票数：_____票；该生在本轮推优班级得票排序：_____
团支部推荐意见：

（签字）
　　年　月　日

注：此表一式两份，所在学生党支部一份，学院团委留存一份。

共青团××大学委员会　制表

二十九、优秀团支部申报表

优秀团支部申报表

支部名称_____   班级人数_____人

团员总数：_____人									
少数民族		学生党员数		入党积极分子数		党课初级班		党课提高班	
男生	女生	男生	女生	男生	女生	男生	女生	男生	女生

团支部委员成员	姓名	性别	担任时间	联系方式
书　记				
组织委员				
宣传委员				

主要事迹

可另附纸

三名以上主要任课教师意见	姓名	所任课程	申报意见

(续表)

团总支意见	团总支书记签字： 公章 年 月 日
党总支意见	党总支书记签字： 公章 年 月 日
团委意见	

此表复印有效。 院团委组织部 印制

三十、先锋团支部申报表

先锋团支部申报表

支部名称_____　　　　班级人数_____人

团员总数：_____人　志愿者报名人数占团支部人数_____%				
团支部人数		志愿者报名人数	
男生	女生	男生	女生
团支部委员成员	姓名	性别	担任时间	联系方式
书　　记				
组织委员				
宣传委员				
参与工作的主要事迹				
           可另附纸				

（续表）

三名以上主要任课教师意见	姓名	所任课程	申报意见

团总支意见	
	团总支书记签字：　　公章 　　　　　　　　　　年　　月　　日

党总支意见	
	党总支书记签字：　　公章 　　　　　　　　　　年　　月　　日

团委意见	
	公章 　　　　　　　　　　年　　月　　日

此表复印有效。　　　　　　　　　　　　　　　校团委组织部　印制

三十一、最佳团日活动评选登记表

最佳团日活动评选登记表

团支部名称			
团员人数		保留团籍党员数	
团支部书记姓名		政治面貌	
活动设计者姓名		职　务	
活动组织者姓名		职　务	
活动主题			
活动时间、地点			
活动出勤情况			
活动内容主要经过及效果			
本支部成员意见		签名： 　年　月　日	
二级学院团总支意见		签名： 　年　月　日	
校团委意见		签名： 　年　月　日	
备注			

校团委组织部　制

三十二、"五四达标创优"竞赛活动各项评比奖项名额分配表

××年"五四达标创优"竞赛活动各项评比奖项名额分配表

支部单位	团支部数	团员数（人）	申报校级优秀团支部（个）	申报最佳团日活动数（个）	优秀团员标兵数（人）	优秀学生干部数（人）	优秀团员数（人）	备注

备注：团员数字的统计以××年×月统计的数字为准。

"五四达标创优"校级优秀团支部自评表

××年度"五四达标创优"校级优秀团支部自评表

考核项目及分数	自 评 分			核定分	院级审核分
有计划，有总结（满3分）	有计划（1.5分）		有总结（1.5分）		
团日活动三次（满9分）	一次（3分）	二次（6分）	三次（9分）		
团员比例数95%以上（满1分）	95%以下（0分）		95%以上（1分）		
递交入党申请书数（满9分）	0～20%（3分）	21%～29%（6分）	30%及以上（9分）		
违纪情况（按人次扣分）	通报批评（0.5分/人次） 警告（1分/人次）	严重警告（2分/人次） 记过（4分/人次）	留校察看（6分/人次） 开除学籍（8分/人次）		

思想建设（30分）

(续表)

项目					
团支部班子 (满3分)	支部书记(1分)	组织委员(1分)	宣传委员(1分)		
定期召开团员大会, 按一年计(满5分)	8次及以上(5分)	6~7次(4分)	4~5次(3分)	2~3次(2分)	1次(1分)
《团支部手册》使用 情况(满5分)	好(5分)	较好(4分)	一般(3分)	较差(2分)	差(1分)
缴纳团费情况 (满2分)	按时缴纳(2分)			未按时缴纳(0分)	
团员注册评议情况 (满4分)	合格团员100% (4分)	合格团员 99%-80%(2分)	合格团员 60%-79%(1分)	合格团员 不足60%(0分)	
入党积极分子及学生 党员表现情况(满7分)	好(6~7分)	较好(4~5分)	一般(2~3分)	较差(1分)	差(0分)
任校、院学生干部数 (满4分)	10%及以上(4分)	7.5%及以上(3分)	5%及以上(2分)	2.5%及以上(1分)	

组织建设(30分)

（续表）

学风建设（30分）	项目			
	各项学习竞赛活动参加情况，并获奖励（满4分）	市级1项及以上（4分）	校级2项及以上（3分）	校级1项（2分）	积极参加市、校级竞赛活动（1分）
	参加大学生课外科技立项人数（满3分）	20%及以上（3分）	10%及以上（2分）	10%以下（1分）	
	社会实践参加情况（满3分）	获社会实践先进个人称号10%及以上（3分）	有获先进个人称号的或参加社会实践人数50%及以上（2分）	参加社会实践活动50%以下（1分）	
	不及格率（按人次计算）	0~25%（10分）	每增加1个百分点扣1分，35%及以上计0分		
	英语成绩（满10分） 国家四级通过率（限三、四、五年级）	35%及以上（10分）	每减少1个百分点扣1分，25%及以下计0分		
	校内考70分以上比率（限一、二年级）	40%及以上（10分）	每减少1个百分点扣1分，30%及以下计0分		

（续表）

志愿者报名工作（9分)	志愿者报名人数（满9分）	0~40%（3分）	41%~80%（6分）	81%及以上（9分）
创新建设（10分)	要求： (1) 能针对本支部不足之处，采用有效措施，改进效果明显； (2) 工作重点突出有特色：一年来，在共青团工作中能够发挥团支部的特色及优势，有创造性地开展工作，并取得显著成效。	自行填写：		

(续表)

自我综合评价	填写人签字: 　　　　　年　月　日
团总支审核意见	审核总分: 团总支书记签字: 　　　　　年　月　日

三十三、"五四红旗团支部" 申请审批表

××大学"五四红旗团支部" 申请审批表

学院：_____ 研究生□ 本科生□ 专科生□

团支部		班级人数		党员数		团员数	
导师班主任姓名		辅导员姓名		团支书姓名		支委人数	
班级平均学分		支部活动次数		获校级以上奖励人次		英语四六级通过率	四级： 六级：
支部委员会成员综合素质测评总得分在班级排名情况：							
主要事迹							
学院团委意见	盖章 年　月　日			学校团委意见	盖章 年　月　日		

注：本表一式两份，学院及学校各存一份；主要事迹应填写包含支部建设的主要措施及落实情况。

三十四、"青年五四奖章"申报表

第×届"××大学青年五四奖章"申报表

个人填写项	姓名		性别		出生年月	
	籍贯		民族		政治面貌	
	学号（工号）		职称		文化程度	
	学院		班级（系）		参加工作时间	
	工作单位				手机号码	
集体填写项	集体名称					
	负责人姓名			负责人手机号码		
事迹简介	（以第三人称撰写，可附页，限1000字）					
组织推荐意见（个人自荐的不填）	（盖章）　　年　月　日					

三十五、"五四"评优汇总表(校级优秀团干部)

××大学××年"五四"评优汇总表(校级优秀团干部)

序号	学院	班级	姓名	性别	政治面貌(中共党员/预备党员/共青团员/群众)	担任职务	联系电话	备注
1								
2								
3								
4								
5								
6								
7								
8								
9								
10								
11								
12								
13								
14								
15								
16								

三十六、推优汇总表

×××大学_____年_____季学期推优汇总表

学院：_____（院团委盖章） 推优总人数：___人（本科___人，研究生___人）

序号	姓名	性别	出生年月	民族	入团时间	申请入党时间	所在班级	本科/研究生

三十七、"优秀共青团员""优秀共青团干部"推荐名单汇总表

_____学院××年度"优秀共青团员""优秀共青团干部"推荐名单汇总表

序号	学院	姓名	性别	学号	专业	班级	班级人数	学历	政治面貌	综测名次	申报先进称号	备注
1												
2												
*												

制表：

盖章：　　　　　　　　　年　　月　　日

三十八、"五四红旗团支部"推荐名单汇总表

_____学院××年度"五四红旗团支部"推荐名单汇总表

序号	学院	候选支部	年级	班级学分平均绩点	班级人数	党员数量	团员数量	支部活动次数	英语四级通过率	英语六级通过率	校级以上获奖人次	班级获奖情况	团支书电话
1												不超过200字	
2													
*													

制表：

盖章：　　　　　　　　　　　　　年　　月　　日

三十九、推荐表补办证明

推荐表补办证明

＿＿＿＿＿＿（二级团组织名称）＿＿＿＿＿团支部＿＿＿＿＿同学（学号：＿＿＿＿＿＿）于＿＿＿＿＿年＿＿＿＿＿月＿＿＿＿＿日在＿＿＿＿＿（地点）召开的"推优"大会上已被推荐为入党积极分子。特此证明。
本人签字：
证明人（团支书）签字：
二级团组织部负责人签字：
二级团组织盖章： 　　　　　　　　　　　　　　　　　　　　　年　　月　　日

推荐表补办回执

经校团委组织部查阅，＿＿＿＿＿＿同学（学号：＿＿＿＿＿＿）已于＿＿＿＿＿年＿＿＿＿月＿＿＿＿日召开的"推优"大会上被推荐为入党积极分子。推荐表已补办。

　　　　　　　　　　　　　　　　负责人签字：
　　　　　　　　　　　　　　　　本人签字：
　　　　　　　　　　　　　　　　　　　　年　　月　　日

四十、优秀学生干部登记表

优秀学生干部登记表

学号：

姓　名		性　别		年　龄		民　族	
班　级			担任职务				
政治面貌		入团（党）时间			年　　月		
家庭住址							

主　要　事　迹
可另附纸

团支部意见	团支部书记： 导　　师： 　年　　月　　日
团总支意见	团总支书记： 　公　　章 　年　　月　　日
党总支意见	党总支书记： 　公　　章 　年　　月　　日
团委意见	团委书记： 　公　　章 　年　　月　　日

此表复印有效。　　　　　　　　　　　　　　校团委组织部　印制

四十一、优秀学生干部申请表

优秀学生干部申请表

年　月

姓　名		性　别		年　龄		民　族	
班　级			担任职务				
政治面貌			入团（党）时间		年　月		
家庭住址							
主　要　事　迹							
团总支意见	团总支书记： 盖　章 年　月　日						
党总支意见	党总支书记： 盖　章 年　月　日						
团委意见	团委书记： 盖　章 年　月　日						
备注							

此表复印有效。　　　　　　　　　　　　　　　　院团委组织部　印制

四十二、"校级三好学生"登记表

×××大学"校级三好学生"登记表

姓　名					
出生年月		性　别		民　族	
籍　贯		政治面貌		现任职务	
任现职时间		单　位			
主要表现					
班团意见			导师意见		
学院团委意见	签字（盖章）： 年　月　日		学校团委意见	签字（盖章）： 年　月　日	

注：本表一式两份。"单位"栏请分别注明学院、专业、班级。

四十三、"校级优秀学生干部"登记表

×××大学"校级优秀学生干部"登记表

姓　名					
出生年月		性　别		民　族	
籍　贯		政治面貌		现任职务	
任现职时间		单　位			
主要表现					
班团意见			导师意见		
学院团委意见	签字（盖章）： 　　年　　月　　日		学校团委意见	签字（盖章）： 　　年　　月　　日	

注：本表一式两份。"单位"栏请分别注明学院、专业、班级。

四十四、校级团学组织干部选拔报名表

×××大学校级团学组织干部选拔报名表

个人基本情况	姓　名		性　别		需在文档中插入电子照片后再打印
	学　院		政治面貌		
	学　号		班　级		
	成绩绩点		不及格门次		
	手机号码		微信号码		
	申请岗位				
	现任职务				
特长爱好					
个人简历	（可从学生工作经历及获奖荣誉方面说明，可附页）				
对申请岗位的认识	（可附页）				
所在学院意见	（盖章）		校团委意见	（盖章）	

四十五、干事登记表

×××学院__/__学年第__学期____部干事登记表

编号：NO_____

姓　名		性　别		出生年月日		照片
民　族		籍　贯		政治面貌		
系　别		班　级		班级职务		
宿　舍				宿舍电话		
手机				家庭电话		
				个人特长		
加入　　部时间				年　　　月　　　日		
退出　　部时间				年　　　月　　　日		
个人简历（自中学写起）						
工作表现（部长填写）	部门负责人签字： 　　　　　　　　　　年　　月　　日					
组织意见	应给学分： 负责人签字： 　　　　　　　年　　月　　日					

共青团××学院委员会组织部　制

四十六、学生干部情况汇报表

×××学院 _____/_____ 学年院级学生干部情况汇报表

姓　名		性　别		政治面貌	
系　别		班　级		联系方式	
所在部门			职　务		
加入该部门时间					
工作情况简介（团支部填写）					
负责老师意见（书记填写）					

工作情况简介（团支部填写）

负责人签字：
年　月　日

负责老师意见（书记填写）

负责人签字：　　　　　　（公章）
年　月　日

共青团××学院委员会　制

四十七、社团成立申请表

×××学院学生社团成立申请表

社团名称					
社团性质	校级/院级		社团人数		
社团类别			社团挂靠单位		
社团指导教师			（含姓名、电话、单位以及职务）		
社团活动宗旨					
社团活动地点					
社团活动性质					
负责人	姓 名		班 级	政治面貌	
	性 别		联系方式		
财务管理人员姓名、班级				经费来源	
成 立 申 请 书					
（负责人签字： 年 月 日）					
社团指导教师意见					
（指导教师签字（盖章）： 年 月 日）					
社团挂靠单位意见					
（负责人签字（盖章）： 年 月 日）					
校团委意见					
（负责人签字（盖章）： 年 月 日）					

四十八、新社团成立申请书

新社团成立申请书

宗旨意义	
必要性分析	
可行性分析	
主要活动设想	
其他	

四十九、社团章程

社团章程

(可附页)

五十、社团发起人名单

社团发起人名单

	姓名	性别	院系/年级	手机	电子邮箱	签名
1						
2						
3						
4						
5						
6						
7						
8						
9						
10						
11						
12						

五十一、社团拟任负责人登记表

社团拟任负责人登记表

社团名称					
姓名		性别		学号	
民族		政治面貌		电话	
出生年月		院系年级		手机	
住址		电子邮箱			
其他职务					
个人简历					
班主任（导师）意见	签字：　　　年　月　日				
院系团委意见	签字（公章）：　　　年　月　日				
院系教务意见（成绩情况）	签字（公章）：　　　年　月　日				
校团委意见	签字（公章）：　　　年　月　日				
备注					

五十二、社团指导教师登记表

社团指导教师登记表

姓名		性别		民族		政治面貌	
工作单位					职务		
电子邮箱					手机		
其他职务							
个人简历							
工作单位党委意见					签字（公章）： 　　　　　　　年　月　日			
备注							

五十三、社团注册表

×××学院____/_____学年度学生社团注册表

社团名称					
社团性质	校级/院级		社团人数		
社团成立时间			社团类别		
社团挂靠单位					
社团指导教师				(含姓名、电话、单位以及职务)	
社团活动宗旨					
社团网页					
社团刊物				(刊物名称以及出版周期)	
社团活动地点					

负责人	姓 名		班 级		政治面貌	
	性 别		联系方式			

财务管理人员姓名、班级			经费来源	

成员人数	按年级	大一	大二	大三	按性别	男生	现有社团成员总数		预计招收人数	
		大四	大五	研究生		女生				

本学期工作计划
  负责人签字： 　　　　年　　月　　日
社团指导教师意见
  指导教师签字（盖章）： 　　　　年　　月　　日
社团挂靠单位意见
  负责人签字（盖章）： 　　　　年　　月　　日
校团委意见
  负责人签字（盖章）： 　　　　年　　月　　日

五十四、社团总结表

×××学院____/____学年度学生社团总结表

社团名称					
社团性质	校级/院级		社团人数		
社团成立时间			社团类别		
社团挂靠单位			社团指导教师		
社团网页					
社团刊物					(刊物名称以及出版周期)
社团活动地点					
负责人	姓 名		班 级		政治面貌	
	性 别		联系方式			
财务管理人员姓名、班级				经费来源		
本学期工作总结						
(要求包括每项活动的时间、地点、主题、内容、参与人数、获奖情况等,可另附)						
  负责人签字: 年 月 日						
社团指导教师意见						
   指导教师签字(盖章): 年 月 日						
社团挂靠单位意见						
   负责人签字(盖章): 年 月 日						
校团委意见						
   负责人签字(盖章): 年 月 日						

五十五、社团名称变更申请表

×××学院学生社团名称变更申请表

社团名称			
社团成立时间		社团类别	
变更后名称			

变更原因	负责人签字： 　　年　　月　　日

社团指导教师意见
指导教师签字（盖章）： 　　年　　月　　日

社团挂靠单位意见
负责人签字（盖章）： 　　年　　月　　日

校团委意见
负责人签字（盖章）： 　　年　　月　　日

五十六、社团负责人变更申请表

×××学院学生社团负责人变更申请表

社团名称						
现任负责人	姓　名		班　级		政治面貌	
	性　别		联系方式			
变更后负责人	姓　名		班　级		政治面貌	
	性　别		联系方式			
换届方式		（民主选举、直接委任）				
变更原因	（可另附纸） 负责人签字： 　　　　　　　年　　月　日					
社团指导教师意见						
   指导教师签字（盖章）： 年　　月　日						
社团挂靠单位意见						
   负责人签字（盖章）： 年　　月　日						
校团委意见						
   负责人签字（盖章）： 年　　月　日						

五十七、社团活动积极分子推荐表

×××学院＿＿＿／＿＿＿年度社团活动积极分子推荐表

社团名称						
姓　名		性　别		班　级	民　族	
年　龄				学　号		
政治面貌		入社时间			所任职务	
各学科考试成绩						
主　要　事　迹						
            参评人签字： 　　年　月　日						
社团负责人意见		指导老师意见			校团委意见	
    签字： 　　年　月　日		签字（盖章）： 　　年　月　日			签字（盖章）： 　　年　月　日	

五十八、优秀社团干部推荐表

×××学院 ＿＿＿／＿＿＿ 年度优秀社团干部推荐表

社团名称						
姓　名		性　别		班　级	民　族	
年　龄				学　号		
政治面貌		入社时间			所任职务	
各学科考试成绩						
主　要　事　迹						
          参评人签字： 　　年　月　日						
社团负责人意见 签字： 　年　月　日		指导老师意见 签字（盖章）： 　　年　月　日			校团委意见 签字（盖章）： 　　年　月　日	

五十九、优秀社团申报表

×××学院　　　　　年度优秀社团申报表

社团名称			人数		社团性质	
社团宗旨					负责人	
所属部门				联系方式		
主　要　工　作　成　绩							
      负责人签字：　　　　　　　　　　　　　　　　年　月　日							
所属部门意见 负责人签字：　　　　　　　　　　　　　　　　年　月　日							
校团委意见 负责人签字：　　　　　　　　　　　　　　　　年　月　日							

六十、社团活动申请表

×××学院学生社团活动申请表

社团名称			
活动名称			
起止日期		活动时间	
活动地点		经费来源及用途	
负责人		联系方式	
活动方案	（可另附纸）		
安全预案			
指导教师意见 签字：　　月　日	所属部门意见 签字：　　月　日		校团委意见 签字：　　月　日

六十一、社团活动审批表

×××大学学生社团活动审批表

活动名称					
主办单位			联系人及联系电话		
活动时间		预计人数		活动场所	
活动内容（主要议程等）					
安全预案（责任人及岗位分配情况等，可附页）					
指导教师意见	签字： 年　月　日		挂靠单位意见	签字： （单位盖章） 年　月　日	
社团部意见	责任人签字： （单位盖章） 年　月　日		场地主管单位意见	责任人签字： （单位盖章） 年　月　日	
青年广场舞台使用情况	使用舞台的活动提前至少两个工作日到团委办公室审批。 审批人签字：				
备案情况	请到保卫保密处备案，并在备案后将此表送回校团委办公室。 备案接待人签字：				

备注：本表一式一份，由活动主办方到场地管理单位审批（如需备案的要到保卫保密处备案），并保存原件，携带至活动现场。场地管理单位和备案单位（保卫保密处）可复印本表。

六十二、社团活动审核意见表

×××学院大学生社团活动审核意见表（存根）

　　_____社团：

　　经校团委讨论决定，（同意/不同意）
　　你社团于_____年_____月_____日举办_____。

　　　　　　　　　　签字（盖章）：　　　　　　　　　年　　月　　日

×××学院大学生社团活动审核意见表（回执）

　　_____社团：

　　经校团委讨论决定，（同意/不同意）
　　你社团于_____年_____月_____日举办_____。

　　　　　　　　　　签字（盖章）：　　　　　　　　　年　　月　　日

六十三、社团活动总结表

×××学院学生社团活动总结表

社团名称	
活动名称	
活动日期	
活动负责人	
参加活动人数	社员参加情况
活动总结	

活动照片（一）

照片简介

活动照片（二）

照片简介

可另附纸。 学生社团联合会　制

六十四、社会实践项目申报书

×××大学××年暑期社会实践项目申报书

编号＿＿＿＿＿＿

项目名称：＿＿＿＿＿＿＿＿＿＿＿＿＿＿＿＿＿＿＿＿＿＿＿＿＿＿＿＿＿＿

团队名称：×××大学＿＿＿＿＿＿＿＿＿＿＿＿＿＿＿＿＿＿＿＿实践团

团队负责人：＿＿＿＿＿＿＿＿　　负责人班级：＿＿＿＿＿＿＿＿

团队负责人所在学院（学生组织）：＿＿＿＿＿＿＿＿＿＿＿＿＿＿＿＿

团队人数：＿＿＿＿＿＿人　　团队负责人手机号码：＿＿＿＿＿＿＿＿＿

实践主题	1	2	3	4	5	6	7
在主题代码下打"√"							

实践主题代码：1. 党的故事宣讲专项行动；2. 红色地标探访专项行动；3. 模范人物寻访专项行动；4. 乡村振兴助力献智专项行动；5. 助力地方疫情防控专项行动；6. 新冠疫苗接种宣传专项行动；7. 新时代大学生劳动实践专项行动。

共青团××大学委员会

××年×月

六十五、实践团队基本信息

实践团队基本信息

团队名称					
项目单位	(填写团队负责人所在的学院或学生组织名称)				
团队负责人	姓名		班级		
	学号		政治面貌		
	手机号码		电子邮箱		
	身份证号				
其他团队成员基本信息					
序号	姓名	学院	班级	身份证号码	手机号码
1					
2					
3					
4					
5					
6					
7					
8					
9					
10					
11					
12					
13					
14					
15					
指导教师基本信息					
姓名		学院	系室		职称
社会实践的时间、地点					
时间: 年 月 日- 月 日 (一般为5~7天,最长不超过10天)					
地点:				是否京外	
注意事项:凡是选择集体到北京远郊区或京外实践的团队,须事先征得学院的同意并有指导老师随行方可申报。					

六十六、实践项目基本信息

实践项目基本信息

项目名称	
项目主题	(填写10个可选实践主题之一)
项目情况介绍	主要介绍该项目的主要内容、执行计划、成果形式等,不少于800字。 1. 项目主要内容: 2. 项目执行计划(日程安排): 3. 项目的成果形式:
团队成员分工情况	列出每个团队成员的具体分工:

项目经费预算情况(元)	经费用途	单价	数量	金额	总经费申请额度 _____ 元

六十七、实践安全保障措施

实践安全保障措施

安全保障 措施方案	写清楚在实践过程当中采取哪些安全保障措施：

六十八、审批信息

审批信息

指导教师 意见		签字：	日期：
学院 团委 审批意见	是否同意立项： 签字： 日期：	同意审批 经费额度 （元）	
校团委 审批意见			

注：请勿改变表格样式，可附页。

第三章 共青团工作表格精选

六十九、社会实践登记表

××大学××年暑期社会实践登记表

项目名称：_____
团队名称：××大学_____ 实践团
团队负责人：_____ 负责人班级：_____
团队负责人所在学院（学生组织）_____
团队人数：_____人　团队负责人手机号码：_____

实践主题	1	2	3	4	5	6	7	8	9	10	*
在主题代码下打"√"											

实践主题代码：1. 党的故事宣讲专项行动；2. 红色地标探访专项行动；3. 模范人物寻访专项行动；4. 乡村振兴助力献智专项行动；5. 助力地方疫情防控专项行动；6. 新冠疫苗接种宣传专项行动；7. 新时代大学生劳动实践专项行动。

共青团××大学委员会

××××年××月

填表说明

1. 《××大学××年暑期社会实践登记表》（以下简称《登记表》）是学生完成社会实践活动的记录与凭证，须如实填写，字迹工整、清晰。
2. 《登记表》封面填写由团队实践负责人或参与个人实践的学生填写。
3. 正式填写《登记表》内容时，须认真阅读本填表说明。其中，实践团队填写A、B、C表。在填表过程中，实践团队须填写的A表中"实际参加社会实践人员名单"应以最终完成社会实践活动的人员为准；C表中的实践活动记录，建议在社会实践的过程中每日及时整理填写，注意填写内容时注明每日活动中的具体时间、地点、过程、对象及效果等；"实践成果概述"，须根据社会实践活动具体情况选择相应内容填写完整。
4. D表中的"实践单位意见"，由学生实践所在单位根据学生实践效果填写，并加盖公章；因特殊原因不能获得实践单位意见及加盖公章者，须详细说明原因，并有指导教师签字证明。如实践单位有多家，可将D表"实践单位意见"部分复印后分别由实践单位填写，并附入《登记表》中。
5. E为实践总结报告粘贴处，学生将实践报告装订后附入《登记表》中即可。

社会实践总结报告撰写要求

1. 学生应围绕学校每年设计的社会实践主题，自主选择方向开展社会实践活动。实践活动结束后，要着手进行社会实践总结报告的撰写。
2. 根据社会实践类型的不同，社会实践总结报告可分为调查研究报告和活动总结报告（或称学术型报告和活动型报告）。各类报告一般包括标题、前言（导语或概述）、正文、结尾（总结或结论）等部分，有的还包括附录。总体要求为真实、客观、可信、科学，能够反映社会实践的主题、过程、成果。
3. 团队实践报告要求3000字以上，图文并茂，黑白打印后附于《登记表》后，将电子文稿以学院为单位通过邮箱提交。
4. 实践总结报告是考核评定的主要内容，无总结报告视为未按要求完成社会实践，收回前期的30%经费。

A

团队实践基本情况				
团队负责人信息	姓名		手机号码	宿舍电话
团队负责人信息				
指导老师信息	姓名		手机号码	固定电话
指导老师信息				
实践单位基本情况				
实践单位1名称			联系人	
实践单位地址			电话	
实践单位2名称			联系人	
实践单位地址			电话	
实际参加社会实践人员名单				
姓名	学号	班级	在整个实践过程中主要完成的工作	

B
诚信承诺书

本团队_____人已于今年_____月_____日至_____月_____日参加社会实践活动,现郑重承诺:

1. 本团队所有成员已按照学校相关规定和要求完成社会实践;
2. 实践过程中认真开展各项活动,无弄虚作假行为发生;
3. 每日如实填写《社会实践登记表》,所记录活动内容在本团队实践过程中均真实开展;
4. 社会实践结束后,认真总结实践成果,在完成总结报告撰写、答辩筹备等工作中,符合相关学术规范,无下载、抄袭、剽窃、雷同等弄虚作假行为。

团队负责人签字:
团队成员签字:
年　　月　　日

C

社会实践活动记录			
实践第 1 天	___月___日	星期___	天气_____
实践第 2 天	___月___日	星期___	天气_____
实践第 3 天	___月___日	星期___	天气_____
实践第 4 天	___月___日	星期___	天气_____

（续表）

社会实践活动记录			
实践第 5 天	___月___日	星期___	天气_____
实践第 6 天	___月___日	星期___	天气_____
实践第 7 天	___月___日	星期___	天气_____
实 践 成 果 概 述			

D

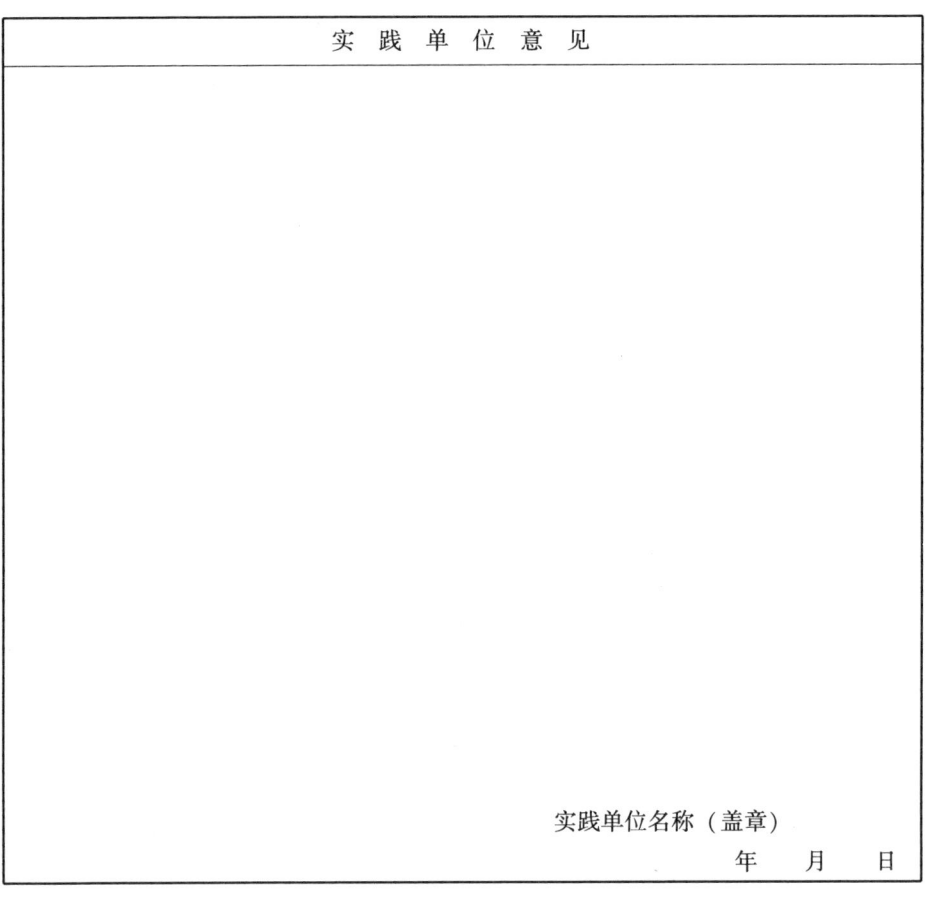

E

附：团队社会实践总结报告及照片

社会实践项目汇总表

×××大学××年暑期社会实践项目汇总表

单位名称：_____ 学院团委（盖章）；立项团队数：_____个；参加实践人数：_____人；审批经费总额：_____元。

序号	项目名称	主题代码	团队名称	团队负责人	负责人手机号码	团队人数	实践时间	实践地点	审批经费	备注（请注明校级重点团队）
范例	关于××××××的调研	6	×××实践团	张三	×××××××××××	8	7.5-7.9	北京市昌平区××镇	500	校级

主题代码：（每个主题至少有1项活动）1. 党的故事宣讲专项行动；2. 红色地标探访专项行动；3. 模范人物寻访专项行动；4. 乡村振兴助力献智专项行动；5. 助力地方疫情防控专项行动；6. 新冠疫苗接种宣传专项行动；7. 新时代大学生劳动实践专项行动。

社会实践团队成员信息表

××大学××年暑期社会实践团队成员信息表

序号	学院	团队名称	姓名	班级	手机号码	身份证号码	实践时间	实践地点代码
范例	××××××学院	×××实践团	张三	××19-1班	12345678987	110104199002130012	7.5-7.9	1

实践地点代码：1. 北京城区；2. 北京郊区；3. 京外

七十、社会工作评定表

×××学院学生社会工作评定表

姓名		系别		班级		所得学分	
何年何月至何年何月在何部门从事何工作							
个人总结							
部门负责人意见	签字（盖章）： 　　　　　　　　　　　　　　　年　月　日						
核准人意见	给＿＿＿＿学分　　　　签字（盖章）：　　　　　　年　月　日						

七十一、社会实践推荐鉴定表

学生社会实践推荐鉴定表

学生本人情况	姓名		性别		年龄		政治面貌	
	班级		学生证号				身份证号	
	联系地址和电话							
	本人特长及工作选择意向							
社会实践工作情况	社会实践单位名称及地址							
	单位负责人姓名职务电话							
	社会实践内容							
	是否义务服务			工作酬金				
	工作起止日期				累计工作时间			
	用人单位对学生工作表现的鉴定							
	注：此栏由用人单位填写　　用人单位签字（盖章）：　　年　　月　　日							

七十二、社会实践先进个人申报表

×××学院学生社会实践先进个人申报表

系　别：

姓名		班级		学号	
实践内容					
先进事迹	（可以另附纸）		本人签字：	年　月　日	
班级意见		导师签字：		年　月　日	
系团总支意见		签字（盖章）：		年　月　日	
系党总支意见	签字（盖章）： 年　月　日		院团委意见	签字（盖章）： 年　月　日	

此表可以复印。　　　　　　　　　　　　　　　共青团××学院委员会　制

七十三、星级志愿者评选申请表

×××大学××年度星级志愿者评选申请表

姓　　名		性　　别		一寸电子彩色照片
学　　院		班　　级		
学　　号		现任职务		
电子邮箱		手机号码		
服务时长（××年1月–12月）				
××年度主要志愿服务经历				
曾获得的志愿服务相关奖励或称号				
××年度志愿服务心得体会				
学院团委意见 （盖章） 　　年　月　日		校团委意见 （盖章） 　　年　月　日		

七十四、星级志愿者评选上报材料汇总表

××学院××年星级志愿者评选上报材料汇总表

（服务时长从多到少填写）

序号	姓名	班级	志愿服务时长	星级	联系方式
1					
2					
3					
4					
5					
6					
7					
8					
9					
10					
11					
12					
13					
14					
15					
16					
17					
18					
19					
20					
21					
22					
23					
24					
25					
26					
27					
28					
29					
30					

七十五、学生活动审批表

×××大学学生活动审批表

活动名称				
主办单位		联系人及联系电话		
活动时间		预计人数	活动场所	
活动内容（主要议程等）				
安全预案及疫情防控方案（可附页）				
审批单位意见	责任人签字： （单位盖章） 年　月　日		场地主管单位意见	责任人签字： （单位盖章） 年　月　日
青年广场舞台使用情况	使用舞台的活动提前至少两个工作日到团委办公室审批。 审批人签字：			
备案情况	 备案接待人签字：			

备注：本表一式一份，由活动主办方到校团委办公室审批、保卫保密处备案，并保存原件，携带至活动现场。场地管理单位和备案单位可复印本表。

七十六、重大活动申报表

×××大学重大活动申报表

活动名称		
时　　间		
地　　点		
主办（承办）单位		
合办（协办）单位		
使用场地		
参加人员类别		
预计规模	人员	
	车辆	
活动说明		
活动责任人		
单位负责人		
申报日期		
申报单位意见	负责人：　　　　　　　　（公章） 　　　　　　　　　　　　年　月　日	
会　　签		
学校审批意见	主管校领导：　　　　　　（公章） 　　　　　　　　　　　　年　月　日	

学校办公室　制　　　　　　　　　　　重大活动 2023〔　　〕号

七十七、校团委大型活动预算审批表

校团委大型活动预算审批表

申请部门：　　　　　　　　　　　　　　　　　　　　　年　月　日

活动名称			时间	
			地点	
			人数	
经费预算（可附表）	经费卡号	类别	明细	金额
		印刷费		
		交通费		
		租赁费		
		场地费		
		服装费		
		餐费		
		饮用水		
		视频制作		
		劳务费		
		其他		
	总额			
部门财务负责人	签字：　　　　　　　　　　　　　年　月　日			
部门主管老师意见	签字：　　　　　　　　　　　　　年　月　日			
审核人意见	签字：　　　　　　　　　　　　　年　月　日			

注：1. 此表一式两份，校团委办公室和申请部门各执一份。

2. 单项花销预算超5000元需附详细说明，该项如有预算变动需提出调整报告。

3. 表格所列花销类别不得随意更改，所列类别外费用归为其他。

七十八、学生活动经费预算审批单

学生活动经费预算审批单

日期： 年 月 日（单位：元）

活动名称				
举办单位				
负责人		联系方式		
经费支出内容		预算金额	审批金额	报销金额
1.				
2.				
3.				
4.				
5.				
6.				
7.				
8.				
9.				
10.				
11.				
12.				
13.				
14.				
15.				
16.				
17.				
18.				
19.				
20.				
合计				

活动负责人签字： 审批人签字：

七十九、校团委宣传部设备借用申请表

校团委宣传部设备借用申请表

借用设备请仔细阅读以下三点：

1. 借用设备需填表进行申请，请在表中勾选所借用的设备及配件（请填全信息）；

2. 归还时须有团委宣传部负责人签字证明归还，如办公室没人，请联系负责人，切不可随意归还；

3. 借用设备请小心保护，如有损坏请照价赔偿。

姓名		单位/班级	
联系方式		借用时间	
		预计归还时间	
借用设备	·5D3（新）　　　　　·5D3（旧） ·索尼 DV（1）　　　·索尼 DV（2）		
设备配件	·相机包　　　　　·相机电池（＿＿个）　　　·DV 包 ·大卡（＿＿个）　　·小卡（＿＿个）　　　·DV 充电器 ·三脚架（大/小）　·相机电池充电器　　　·闪光灯 ·摄影灯（＿＿个）·反光板　　　　　　　·话筒		
用途说明		负责人签字：	
归还时间		归还证明人	

备注：

1. 设备可拍时长：5D3：3~4 小时、DV：2~3 小时；

2. 借用设备务必提前至少 24 小时提交纸质申请表；

3. 提交申请表前，可对拟借用时间进行咨询；

4. 内存卡数据资料导出，请及时联系设备负责人，严禁私自取出内存卡进行数据传输。

免责声明：

1. 借用设备需至少提前 24 小时提交纸质申请表，如果因未按照流程进行申请预约而造成的损失（如电量不足等），团委宣传部不承担任何责任。

2. 设备内存卡数据每日清除，由于未及时联系负责人导出数据而导致数据丢失，团委宣传部不承担任何责任。

八十、学生活动误餐费备案审批表

×××大学学生活动误餐费备案审批表

日期： 年 月 日

部门（学院）		报销日期	
用餐人数（人）		报销标准（元/人）	
票据张数（张）		金额合计（元）	
经费来源			
活动日期及事由			
经办人（签字）		部门负责人（签字）	

八十一、活动物品采购、验收及领用登记表

××大学学生活动物品采购、验收及领用登记表

活动（事项）名称								
承办单位					负责人		联系方式	
物品名称	单位	数量	单价（元）	采购人	入库验收人		领用人	领用日期
1.								
2.								
3.								
4.								
5.								
6.								
7.								
8.								

活动负责人签字： 学院（部门）领导签字：

八十二、活动奖品领取登记表

×××大学学生活动奖品领取登记表

日期： 年 月 日

奖励事项						
发奖单位						
序号	姓名	班级	获奖等级	奖品名称	数量	领奖人签字
1						
2						
3						
4						
5						
6						
7						
8						
9						
10						
11						
12						

经办教师签字： 　　　　　　　　　　学院（部门）领导签字：

八十三、奖状、奖杯领用申请表

奖状、奖杯领用申请表

活动申请组织及部门：		活动名称：	
申请日期：		使用日期：	
奖杯	奖项名称（具体印刻文字）		数量
奖牌	奖项名称（具体印刻文字）		数量
活动部门部长签字			
组织办公室分管副主任签字			
组织办公室主任签字			
团委办公室主任签字			
团委书记签字			

备注：奖杯、奖状申请需在颁奖使用前1周完成。

八十四、校团委奖品发放申请表

校团委奖品发放申请表

部门：　　　　　　　　　　奖品用途：

奖项设置	奖品名称	数量	单位	单价	备注

经费负责人：

注：

1. 奖品单价不得大于 200 元，如有特殊情况需提前联系团办财务组。

2. 奖品报销需附奖品领取登记表，并登记清楚领取项目、数量、领取人姓名及学号。若更改奖品，需再次申请。

3. 本表解释权归校团委办公室所有。

八十五、活动奖品发放领取登记表

活动奖品发放领取登记表

活动名称： 　　　　　　　　　　　　　　　　　　　举办单位：校团委××部

领取时间	奖品名称	领取人

八十六、大艺团乐器借还表

大艺团乐器借还表

组织名称				
借用时间				
归还时间				
活动内容				
借用人		学院		
学号		联系方式		
所借乐器名称	所借乐器编号	数量	用途	
须知	1. 借用期间,不得将乐器转租、出售、典当、抵押,不得将贵重乐器交予非专业人士使用。 2. 必须爱护所借乐器,如有损伤需照价赔偿。 3. 借用期最长为一个月,借用期满时,应及时返还所借物品,如需续借,应在期满前一周办理续借手续。 4. 如使用期限已到,未按时归还乐器,将取消本学期的校内任何评奖评优资格。 5. 超过借用期七日后,既未返还所租物品,又未办续借手续,则按买下该物品处理。			
归还人员签字				
排练厅负责人签字				
艺术团领导签字				
备注				

注:所有需要向大艺团借用乐器都需填制该表,填写前应仔细阅读须知并了解个人应承担的义务,如有违反,后果自负。

八十七、宣传品印制申请表

宣传品印制申请表　　校团委办公室留存

活动申请组织及部门：		活动名称：
申请人（部长）：		申请时间：
宣传品印制内容：		
付款方式：签单	付款金额：	团委办公室主任签字：

宣传品印制申请表　　组织办公室留存

活动申请组织及部门：		活动名称：
申请人（部长）：		申请时间：
宣传品印制内容：		
付款方式：签单	付款金额：	团委办公室主任签字：
团委负责老师签字：		复印店经办人签字：

宣传品印制申请表　　复印店留存

活动申请组织及部门：		活动名称：
申请人（部长）：		申请时间：
宣传品印制内容：		
付款方式：签单	付款金额：	团委办公室主任签字：
团委负责老师签字：		复印店经办人签字：

八十八、艺术团专业队员调用申请表

艺术团专业队员调用申请表

申请单位					
活动名称					
活动日期	年　月　日		起止时间	时　分—	时　分
活动地点					
活动形式	□演出/仪式　□报告/会议　□竞赛活动　□其他：_____				
负责学生		负责学生电话			
负责老师		负责老师电话			
调用需求	□主持人　　□礼仪队员　　□舞蹈队员　　□话剧队员 □合唱队员　□民乐队员　□管弦乐队员　□其他				
具体需求（性别、人数）					
专业队员着装要求					
申请单位意见： 负责人签字（盖章）： 　　　　　年　月　日			大学生艺术团审批意见： 负责老师： 　　　　年　月　日		
以下部分由相关专业队伍负责人填写					
派出参加活动的队员名单： 					
注：此表一式三份，一份艺术团留存，一份交相关专业队负责人，一份申请单位留存。 　　　　　　　　　　　　　　　　　　　　　　　　　　存档编号：					

请用 A4 纸打印，调好格式，不要超出单页纸范围。

八十九、学生活动新闻上报表

学生活动新闻上报表

活动名称			
主　办		承　办	
活动时间		活动地点	
负责人		参加人员数量	
上报新闻内容 （不少于200字）			
照片说明			

备注：1. 请于活动结束后两日内上报新闻；

　　　2. 表内文字请用仿宋五号字填写；

　　　3. 上报新闻请将此表电子版发至团总支邮箱。

九十、国旗班队员报名表

×××大学国旗班队员报名表

姓　　名		性　　别		插入本人2寸免冠电子照片
学　　院		班　　级		
身高体重	cm　　kg	民　　族		
政治面貌		生 源 地		
身份证号				
手机号码		微信号码		
宿　舍　号		电子邮箱		
现任职务				
已参加的学生组织				
个人简历 (小学起) 曾获奖项				
学院 意见	 (盖章) 　　年　　月　　日			
校团委 意见	 (盖章) 　　年　　月　　日			

九十一、"文明宿舍"申报表

×××学院　　／　　学年度"文明宿舍"申报表

宿舍号：　　　　　宿舍长：　　　　　　　电话：

	姓　名	班级	政治面貌	民　族	获奖情况	处分情况
宿舍成员						
申　请　书						

(续表)

对本宿舍状况及其成员评价	
导师评价	 导师签字： 　　年　月　日
系学生会意见	 系学生会生活部部长签字： 　　年　月　日
系学生工作组意见	 系主管学生工作负责人签字： 　　年　月　日
公寓管理员评价	 管理员签字： 　　年　月　日

九十二、大学生艺术团排练厅使用申请表

大学生艺术团排练厅使用申请表

活动组织（或学院）		举办时间		参加人数	
活动名称					
活动负责人			联系电话		
具体活动内容					
需使用的器材及数量					
举办组织（或学院）意见	签字（盖章） 　　年　　月　　日				
团委书记意见	签字（盖章） 　　年　　月　　日				

九十三、大型活动会场申请表

××大型活动会场申请表

部　门		活动名称			
使用时间		使用地点		使用人数	
申请人		联系电话		申请时间	

预订	楼名		使用时间	日期	
	房号			时间	
所需设备					
用途					

所属部门确认签字盖章：_____　　　　　　　　　　年　月　日

联系人：_____　年　月　日　　经办人：_____　年　月　日

　　　　　　　　　　　　　　　　注意：大型活动会场使用需有所属部门领导签字

审批：
负责人： 　　　　　　　　　　　　　　　　　公章： 　　　　　　　　　　　　　　　　　　　　　　年　月　日

活动内容

活动内容：

活动安排：

大型活动会场使用安全预案

九十四、室外场地使用申请表（适用重大团学活动）

学生活动室外场地使用申请表

（适用重大团学活动）

申请单位				
活动名称				
活动场地				
使用日期	年 月 日— 月 日		起止时间	时 分— 时 分
活动形式	□现场活动　□露天表演　□舞台形式　□搭建舞台			
活动内容（写清活动的具体组织形式和过程）				
宣传形式	横幅内容			
	展板内容			
	传单内容			
	其他形式			
音响使用	□不使用音响设备　　□使用音响设备（□拉杆音箱，□外接电源设备）			
参与人数		参与人员范围		
负责学生		负责学生电话		
负责老师		负责老师电话		
安全预案	请将《重大活动安全预案》附于此表之后。			
申请单位意见： 负责人签字（盖章）： 　　年　月　日			保卫部（处）审批意见： 部（处）长签字（盖章）： 　　年　月　日	
校团委审批意见： 团委书记签字（盖章）： 　　年　月　日			主管校领导审批意见： 签字： 　　年　月　日	
注：此表审批完毕后复印两份，申请单位、保卫处各一份，原件存校团委。				
				存档编号：

请用 A4 纸打印，调好格式，不要超出单页纸范围。

九十五、室外场地使用申请表（适用一般团学活动）

学生活动室外场地使用申请表

（适用一般团学活动）

申请单位				
活动名称				
活动场地				
使用日期	年 月 日— 月 日		起止时间	时 分— 时 分
活动形式	□活动宣传 □招新 □现场活动 □现场展览			
活动内容 (写清活动的 具体组织形 式和过程)				
宣传形式	横幅内容			
	展板内容			
	传单内容			
	其他形式			
音响使用	□不使用音响设备　　□使用音响设备（□拉杆音箱，□外接电源设备）			
参与人数		参与人员范围		
负责学生		负责学生电话		
负责老师		负责老师电话		
活动安全 保障措施				
	活动安全负责人：		联系电话：	
申请单位意见： 负责人签字（盖章）： 　　　年　月　日			校团委审批意见： 负责人签字（盖章）： 　　　年　月　日	
注：此表审批完毕后复印一份，原件交保卫处，复印件留校团委。				
存档编号：				

请用 A4 纸打印，调好格式，不要超出单页纸范围。

九十六、团委礼堂使用申请表

×××大学团委礼堂使用申请表

NO:_____ 年　月　日

使用单位				
活动现场负责人		联系电话座机/手机		
会议或活动名称内容（应与会议条幅一致）				
参加会议（活动）人数、人员		活动开始时间	月　日　时	
		活动结束时间	月　日　时	
外租设备单位				
外租设备项目	灯光（　）	音响（　）	效果（　）	其他（　）
使用礼堂项目	投影（　）	灯光（　）	音响（　）	桌椅（　）
是否同意活动并批准安全措施预案： 社团指导教师签字：　　　社团挂靠单位签章：　　　年　月　日				
校团委意见： 负责人签字：　　　　　　　　　　　（单位公章）　年　月　日				
备注：①活动须填写此表，单位负责人签字并制订活动安全措施预案。 　　　②以上活动需填写此表及《×××大学大型活动审批表》（保卫处领取），报主管领导审批并报校综合治理办公室备案。 　　　③未经审批同意不得在礼堂内擅自接入、搭建租用设备。				

九十七、会议室及报告厅设备使用申请表

×××大学会议室及报告厅设备使用申请表

申请日期	年　　　月　　　日			
单位名称		负责人		联系电话
使用时间	年　　月　　日　　时　　分至　　时　　分			
活动内容				
活动地点				
使用设备	音响（　　）	投影机（　　）	笔记本电脑自带	

注意事项：

1. 使用前，应熟悉多媒体设备使用的正确操作方法，以确保设备的安全运行。不熟悉者应事前向工作人员询问。

2. 无线话筒等其他设备要凭有效证件借用。

3. 使用中，严禁随意插拔设备电源和改接设备的连接线。严禁在会议室内乱拉电源和加接其他电器设备，以确保人员和设备的安全。

4. 使用后，整理好相关物品，搞好卫生，关好门窗，做好安全防范工作。

申请单位盖章：＿＿＿＿＿＿＿＿　　　申请人签名：＿＿＿＿＿＿

　　　　　　　　　　　　　　　　　　＿＿＿年＿＿＿月＿＿＿日

领导审批意见：

　　　　　　　　　　　　　　　　　　　　　　签名：＿＿＿＿＿＿

　　　　　　　　　　　　　　　　　　　　　年＿＿＿月＿＿＿日

九十八、活动室借用申请表

×××大学团委活动室借用申请表

活动时间	___年___月___日	场地开放时间	具体使用时间
		上午 8：30~11：30	
		下午 2：00~5：30	
		晚上 6：00~10：00	
借用单位		借用场所	
活动内容		申请时间	年　月　日
如活动中有下列情况的请打（√）并注明数量			
参加人员活动是否有校外人员		是否有广告性布置（宣传）	
无 □　　有 □	数量：	是 □　　否 □	数量：
活动人数		负责人	办公室电话：
			手机：
申请单位主管老师意见： 签字：_____　　　　　　　　　　（盖　章）			

_____　　下联作为活动地点使用依据（请于活动前交予活动室管理人员）　　_____

回执

经审查，同意将_____于____月____日（起讫时间）至____月___日借给_____（使用单位）使用。 　　　　　　　　　　审批人：_____　日期：　年　月　日 　　　　　　　　　　共青团×××大学委员会（盖章）

备注：

　　1. 活动期间，须注意保持活动室的整洁卫生，严禁在大门、墙壁等处张贴各类宣传物品（海报、座签等），严禁自行移动桌、椅；活动结束后，桌椅摆放原位，关多媒体，关灯，关窗，关门。

　　2. 活动期间，对活动室的桌椅、多媒体等设备造成损坏的，按原价进行赔偿。

九十九、青年广场使用审批表

××大学青年广场使用审批表

活动名称					
主办单位			联系人及联系电话		
活动时间 （青年广场 11：20~12：20）		预计人数		活动场所 （青年广场/ 学活大厅）	
活动内容 （主要议程等）					
安全责任书	责任人及岗位分配情况等，需另附页。				
审批 单位 意见	责任人签字： （单位盖章） 年　月　日		场地 主管 单位 意见	责任人签字： （单位盖章） 年　月　日	
青年广场舞台 使用情况	使用音响设备及使用舞台的活动需要提前至少两个工作日到团委办公室审批。 审批人签字：				
备案情况	请到保卫保密处备案，并在备案后将此表送回校团委办公室。 备案接待人签字：				

备注：本表一式一份，由活动主办方到校团委办公室审批后至保密保卫处备案，并保存原件，携带至活动现场。校团委办公室和备案单位（保卫保密处）可复印本表。

一百、团校教室使用申请表

团校教室使用申请表

申请单位					
活动名称					
使用时间	年　　月　　日		起止时间	时　分—	时　分
活动形式	□培训/报告　　□面试/会议　　□其他：_____				
活动内容 (写清活动的 具体组织形 式和过程)					
设备使用	□无　　　□投影				
参与人数		参与人员范围			
负责学生		负责学生电话			
负责老师		负责老师电话			
使用须知	爱护会议室设备设施，不得在墙壁、地板粘贴任何物品；未经允许不得随意乱拉电源和加接其他电器设备；未经批准不得改变会议室的桌椅布局；严禁打开和动用文件柜里的物品；活动结束，须将所有设备设施恢复原位，搞好卫生，锁好门窗。				
活动安全 保障措施	活动安全负责人签字：　　　　　　　　联系电话：				

申请单位意见：	校团委审批意见：
负责人签字（盖章）： 　　　　年　月　日	负责人签字（盖章）： 　　　　年　月　日
注：此表审批后复印一份，原件交场地管理员，复印件校团委留存。	
	存档编号：

请用 A4 纸打印，调好格式，不要超出单页纸范围。

第三章 共青团工作表格精选

一百零一、校团委宣传栏宣传品张贴审批表

校团委宣传栏宣传品张贴审批表

时间：　　年　　月　　日

申请单位		联系人	保留	□ 是
		联系电话		□ 否
宣传活动名称				
宣传品制作尺寸	展板□115cm×85cm　　□115cm×170cm　　□115cm×255cm 展布□240cm×360cm（横版）　　□240cm×180cm（竖版） 注：以上尺寸均为高＊宽			
宣传信息类别	□专题信息　　□活动信息　　□宣传信息　　□讲座信息			
宣传品内容	1.　　　　　　　　　　　　　　　　　　　　 2.			
申请张贴时间	自　　年　　月　　日至　　年　　月　　日			
申请单位的 主管单位或 领导意见	经审查，该宣传品内容符合国家法律法规和学校规章制度的规定和要求。 　　　　　　　　　　审核人：　　　　年　　月　　日			
团委意见	同意张贴 　　时间：自　　年　　月　　日至　　年　　月　　日 　　　　审批人：　　　　　　　年　　月　　日 　　　　　　　　　　　　（公章）			
填表说明	1. 本申请表一式一份，审批时请持宣传品样稿或复印件（A4缩印版即可）。通过团委审批后，审批表由团委办公室备案查询。 2. 关于"申请单位的主管单位或领导意见"的填写。校学生会的主管单位是团委，院学生会、团支部、班级等的主管单位是学院团委，党支部的主管单位是学院党委，社团的主管单位是校团委社团部。 3. 如果需要保留展板或展布，请于悬挂的最后一天17：00-23：00取回。 4. 在送来时请确认展板展布的尺寸，若尺寸不符合规格，将不予悬挂。 5. 悬挂宣传品时应该按照规定进行。若违反规定，团委有权依据具体情况做出处理。			

一百零二、校园公共区域宣传活动（事项）申请表

校园公共区域宣传活动（事项）申请表

申请单位	
申请活动及事项	活动（事项）名称及主要内容：
	活动（事项）形式： □商业活动　　□设施搭建　　□广告投放　　□信息发布 □形象使用　　□宣传品发放　　□其他＿＿＿＿＿＿
	活动（事项）时间： 　　年　　月　　日　　时——　　年　　月　　日　　时
	活动（事项）地点：
	活动（事项）目标人群：
	活动（事项）负责人： 姓名：　　　　　　电话：
审批意见	领导小组意见： 审批人（组长）： 　　年　　月　　日
备案登记	校办：　　　　　　｜宣传部：　　　　　　｜保卫部： 印章　　　　　　　｜印章　　　　　　　｜印章 年　月　日　　　　｜年　月　日　　　　｜年　月　日

一百零三、校园宣传活动申请表

××大学校园宣传活动申请表

申请单位				
活动名称				
使用设施	□显示屏　　□悬挂条幅　　□宣传橱窗 □安放展板　□播放音响　□播放视频 □其他：_____			
文字内容 （填写条幅、展板、显示或音响播放的具体内容，写不下的可附页）	1			
	2			
	3			
起止时间	年　月　日　时——　年　月　日　时			
安放地点	1			
	2			
	3			
联系人		电话		
申请单位印章 年　月　日			申请单位负责人签章 年　月　日	
审批意见				

一百零四、主干道横幅审批表

×××大学主干道横幅审批表

时间：　　年　　月　　日

申请单位		联系人及电话	
活动名称			
横幅内容	1. _____ 2. _____ 3. _____		
申请悬挂时间地点	时间：自____年____月____日至____月____日 地点：_____		
申报单位的主管单位意见	经审查，横幅内容符合国家法律法规和学校规章制度的规定和要求。 　　　　　　　　　审批人（签章）：　　　　　　年　月　日		
宣传部意见	同意悬挂，时间：自____月____日至____月____日。 　　　　　　　　　审批人（签章）：　　　　　　年　月　日		
后勤集团意见	悬挂时间：____月____日至____月____日 摘除时间：____月____日至____月____日 　　　　　　　　　经办人：　　　　　　　　　年　月　日		
填表说明	1. 本表格一式三份。 2. 关于"申请单位的主管单位意见"的填写。校学生会的主管单位是团委，院学生会、团支部、团总支的主管单位是学院团委，班级、党支部的主管单位是学院党委，社团的主管单位是团委或学校主管挂靠部门。 3. 本表格各单位签字人员须为处级及以上人员。		

一百零五、电子屏版面预约申请表

团委电子屏版面预约申请表

预约部门					申请人	
活动名称					联系方式	
发布时间	年 月 日至 年 月 日				是否需主管方自行排版	
发布内容	序号	种类 图片、音乐、文字、视频等		数量	内容概要	
申请部门意见					负责人签字: 年 月 日	
办公室审核意见					审核人签字: 年 月 日	
电子屏制作人:				时间:		

注:1. 申请表填写时需写明预约部门、申请人、申请人联系方式、上传素材种类、数量及内容概要、是否需要办公室工作人员自行进行素材的整理和制作,所填表格应经过部门负责人审查之后递交到办公室,由工作人员审核后进行信息的反馈。

2. 此表原则上需至少提前2天提交,提交后工作人员会在1个工作日内进行反馈,审核通过后一般会在1天时间内进行素材的发布。

3. 素材及图片请打包发至校团委对外公邮。

回　执

经审查,同意于　　年　月　日至　　年　月　日(起讫时间)将电子屏_____版面发布_____(使用单位)关于_____的信息。 　　　　　　　　　　　　　　　　　　共青团××大学委员会(盖章)

一百零六、教室及LED使用申请表

教室及LED使用申请表

部 门		班 名			
使用时间		使用地点		培训人数	
申请人		联系电话		申请时间	

预订教室	楼名		使用时间	日期	
	房号			时间	
所需电教设备					
用途					

LED内容1	标题							
	使用时间	起:	月	日	时	分	详细悬挂地点	
		止:	月	日	时	分		
LED内容2	标题							
	使用时间	起:	月	日	时	分	详细悬挂地点	
		止:	月	日	时	分		
用途								

所属部门确认签字：_____   年   月   日

联系人：_____   年   月   日   经办人：_____   年   月   日

审批：

负责人：
公章：

　　　　　　　　　　　　　　　　　　　年　月　日

学习心得体会随手记